EL CAMINO DE LA ESPIRITUALIDAD

SEGUNDO GALILEA

EL CAMINO
DE LA
ESPIRITUALIDAD

EDICIONES PAULINAS

1a. edición — agosto 1983
2a. edición - marzo de 1985

ISBN 958-607-029-8
© 1985. EDICIONES PAULINAS
Calle 170 No. 23-31

Presentación

Al presentar la nueva obra de Segundo Galilea: "*El camino de la espiritualidad*", quiero destacar dos circunstancias muy gratas que me habilitan para ello: una larga y nunca interrumpida amistad y la generosa rapidez con la cual ha respondido al deseo de nuestra Editorial.

Son ya lejanos los años que vincularon su pluma a las Ediciones Paulinas, comenzando así una colaboración oportuna y fecunda para la teología y la pastoral del continente. Mencionamos aquí tan solo algunas de esas obras, frecuentemente reeditadas y algunas traducidas a otros idiomas: ¿A los pobres se les anuncia el Evangelio? —Cristología y Pastoral— ¿A dónde va la pastoral? —El anuncio de la esperanza— Vida obrera —María en la Pastoral Latinoamericana— El mensaje de Puebla— El seguimiento de Cristo— Anunciando el Evangelio todos los días— y, finalmente, La responsabilidad misionera de América Latina, y otros más (sin contar los publicados en otras editoriales de América y España).

Bastaría esta somera e incompleta enumeración para aquilatar el aporte de este sacerdote —porque Segundo Galilea es ante todo "un sacerdote"— a la renovación teológico-pastoral del continente.

Podríamos preguntarnos: ¿Por qué ahora un libro de espiritualidad, y además un "texto"? ¿No corremos el riesgo de volver a la vieja manualística, con todo lo negativo que eso evoca? Conversando con el autor, al encargarle la redacción, pensamos también en eso y, naturalmente, se ha intentado evitarlo.

Lo que ha impulsado al autor y al editor, en realidad, han sido motivaciones más profundas. Después del Vaticano II, se han producido muchas inquietudes de renovación en diferentes sectores de las disciplinas eclesiales. Y los frutos están a la vista, especialmente en la teología, en la pastoral y en la catequesis. En nuestro continente esto se ha acentuado, especialmente a partir de Medellín y ahora de Puebla.

Tenemos una manera propia de hacer teología ("teología de la liberación"), una pastoral encarnada y una catequesis que es, a la vez, "situacional" y de "comunión y participación". Estos sectores han demostrado una vivacidad y una creatividad que han traspasado los mismos confines continentales. Se da actualmente una nueva "demanda ética", reclamada inclusive por estudiosos de ambiente no cristiano. En cambio, el sector de la espiritualidad parece haberse movido con algo de retraso. De todos modos, tenemos la fundada sensación de que lo está haciendo bien.

Han quedado atrás, aunque no del todo, los tiempos de la contestación y del rechazo acrítico, cuando el mismo término "espiritualidad" engendraba sospecha de abstractismo y alienación: por la manera de enseñarla y de vivirla, reducida a la pura zona de lo privado, encerrada en prácticas intimistas, lejos de toda problemática vital y comprometida con la dura situación ambiental.

Todo esto provocó, y en algunos sigue todavía provocando, una reacción igualmente desequilibrada que reduce la espiritualidad a pura "ideología": es decir, a un conjunto de ideas sin contacto con la realidad, pero con evidentes finalidades instrumentalizadoras.

Hoy afortunadamente, más allá de los extremismos perdurantes, asistimos a un retorno; y no faltan manifestaciones numerosas y calificadas.

Son muchas las universidades de la Iglesia que han introducido cátedras de esta asignatura y otras, que ya la tenían, la han revitalizado sobre nuevas bases, incluyendo las "ciencias humanas", como complemento indispensable para la formación del sacerdote, del religioso y del laico cristiano exigidos por las nuevas situaciones del mundo.

Otro síntoma reconfortante es la apertura de Institutos de Espiritualidad, el multiplicarse de cursos, congresos, estudios a todos los niveles, muchos de éstos realmente novedosos y excelentes.

Hechos alentadores tampoco faltan entre nosotros. Pensemos en el Instituto de Teología del Celam, con sede en Medellín, que entre sus asignaturas, enumera la de espiritualidad, con finalidades eminentemente pastorales.

Un lugar de importancia, en este campo, lo ocupa la Conferencia Latinoamericana de Religiosos (CLAR). Su larga, paciente y no siempre comprendida labor, en el sector específico de la espiritualidad de la vida religiosa, merece una mención particular. Si hoy día crece y se acentúa la instancia de una renovada espiritualidad en el continente, se debe principalmente a ese organismo que, a través de su equipo de teólogos y otros expertos, reflexiona periódicamente sobre los problemas más candentes que viven los religiosos, indicando respuestas y pistas de solución inspiradas en el Evangelio y la misma situación.

Pero lo que ha motivado más inmediatamente nuestra publicación, han sido dos hechos que, aun siendo circunstanciales, revisten una particular trascendencia:

En 1980, del 20 de febrero al 3 de marzo, se ha celebrado en São Paulo (Brasil), el IV Congreso Internacional Ecuménico de Teología. En su "documento final", se dedican 11 artículos

7

(nn. 54-64) a la espiritualidad, destacando que "el cultivar la espiritualidad o vida según el Espíritu de Jesús es una exigencia fundamental de cada uno de nosotros y de las comunidades cristianas". Dicha espiritualidad va buscada "dentro de la nueva situación de la Iglesia en el Tercer Mundo" (n. 54). Ella, si quiere ser coherente con el evangelio y la situación, tendrá que ser "una espiritualidad de la liberación" que privilegie al pobre, tome en cuenta las necesidades del pueblo, la oración, el compromiso con el cambio social, la religiosidad popular, la contemplación "que da sentido a la vida y a la historia", y que "acepta la Cruz como camino de liberación".

El segundo hecho nace de la XX Asamblea General de la Conferencia de Religiosos de Colombia (CRC), realizada en Bogotá, del 27 al 30 de abril de 1981. El documento final recoge "cinco opciones" sobre diversos tópicos y prioridades; la cuarta opción está totalmente dedicada a "promover y renovar la espiritualidad de la vida religiosa...". Luego de motivar la necesidad, la urgencia y las modalidades de dicha renovación, comprueba que "...ante esta crisis carecemos de una Teología Espiritual apropiada para formadores, maestros de espíritu y asesores".

Podríamos multiplicar los hechos, pero los últimos dos, que hemos señalado, han sido determinantes en la decisión de presentar este "texto", como un primer ensayo sistemático, sin por eso caer en lo esquemático y en lo manualístico.

La obra consta de nueve capítulos, lo suficientemente amplios como para considerarlos verdaderas secciones. El autor comienza con tratar el problema de la espiritualidad para el hombre actual, habida cuenta de los nuevos módulos culturales, los modelos que se imponen, ligados íntimamente a los diferentes "modelos de Iglesias" (c. 1). Luego afronta la "identidad" de la espiritualidad cristiana que "en su plenitud es la síntesis entre el espíritu de Jesús y la aceptación de su persona y evangelio". Sin esto se corre el riesgo de "una espiritualidad 'ideológica', parcializada y eventualmente contradictoria". Esto porque "la espiritualidad cristiana ha de ser integralmente liberadora e integralmente humanizante" (c. 2). El tema de las "fuentes" ocupa el capítulo tercero: la palabra de Dios, los sacramentos, el testimonio de la Iglesia, el rol de los santos y de la Virgen María; son los medios obligados para una espiritualidad de "actos concretos".

Con el capítulo cuarto se entra en el corazón mismo del problema: el pecado, la tentación y la abnegación cristiana, con particular atención a la conversión como proceso, en sus implicaciones culturales y en relación al compromiso socio-político. Sigue el tema de la "experiencia de Dios", un tema congénito al autor, pues le ha dedicado más de un estudio (c. 5). En él se ponen de relieve la contemplación y la oración cristianas que, de ser auténticas, desembocan en compromisos de vida y acción.

La exigencia del amor fraterno constituye el objeto del capítulo sexto: se trata de lo "propio" cristiano o que se expresa en la solidaridad, la reconciliación y el amor consagrado (castidad). En la línea de Medellín y de Puebla se recupera la "experiencia" y el "sentido" del pobre como una de las notas caracterizantes de la espiritualidad latinoamericana (c. 7).

El tema de la Cruz y la fidelidad a ella en toda la existencia, a ejemplo de Cristo, incluso en los conflictos de toda clase que se dan en el continente, ocupa la reflexión del capítulo octavo.

La obra se cierra con el tema de la "espiritualidad misionera": un tema en parte nuevo, en parte recuperación de valores olvidados. La revitalización de la Iglesia, como de la vida religiosa y de las comunidades cristianas en general, depende del retorno a su dimensión evangelizadora. La evangelización —para las Iglesias y las comunidades— no es algo facultativo, sino su tarea esencial. (Cfr Evangelii Nuntiandi, n. 14).

Demás está advertir que esta apretada síntesis no pretende ni reproducir y menos aún agotar toda la riqueza que encierra la obra reseñada.

El lector podrá apreciar por sí mismo la claridad del dictado, la agilidad de estilo y la novedad del enfoque, puesto que presenta una espiritualidad encarnada y acorde a un ambiente de cambios rápidos y de conflictos generalizados, con los cuales el cristiano está llamado a medirse cotidianamente.

Pero lo que asegura su validez es el hecho de hallarnos ante una obra fruto de vivencia y de paciente reflexión. El autor es un creyente y un sacerdote de larga y experimentada praxis pastoral. Además, en los largos años de enseñanza en institutos de la Iglesia (el Instituto Pastoral de Quito y luego en el Instituto Teológico-Pastoral de Medellín, ambos del CELAM), ha podido confrontar sus reflexiones con sacerdotes, religiosos y laicos de toda América Latina.

Esa larga preparación le ha permitido ser uno de los protagonistas de la renovación teológico-pastoral de que hoy gozamos. Desde hace años ha cultivado el "discurso espiritual", en el sentido que hemos explicado. Y ahora nos presenta un ensayo que es como una pequeña "summa".

Un rasgo que lo honra altamente —y en esta obra se afirma con fuerza— es su gran sentido eclesial y su gran respeto por la tradición: él recoge todo lo válido de la espiritualidad del pasado y lo incorpora a las adquisiciones de la teología y de la cultura actuales. Es consciente de que las rupturas violentas casi nunca son provechosas. La vida es síntesis y ésta, a la postre, acaba casi siempre por imponerse.

Desafortunadamente, esta postura —en la que no ha faltado la necesaria y enérgica denuncia— no siempre ha sido comprendida. Pero, a pesar de ello, Segundo Galilea no ha dejado de proporcionar su valioso aporte a la reflexión y a la praxis teológico-pastoral del continente. Y eso porque, más allá de ideas y posiciones personales, es hombre de Iglesia y de comunión.

Por todo esto, nos sentimos honrados de ofrecer esta su última fatiga a cuantos están preocupados por la renovación de la auténtica espiritualidad cristiana, en las comunidades de América Latina y de otras latitudes. Los Editores no anhelan mejor premio que el de contribuir, aunque sea modestamente, a dicha renovación.

Benito D. Spoletini
Pascua de Resurrección 1982

I
Una espiritualidad para nuestro tiempo

1. La actualidad del problema

Parece aceptable decir que la espiritualidad cristiana ha pasado (y aún pasa) por una amplia crisis —a lo menos en América Latina. No tanto porque haya desaparecido, o porque en muchos medios sus expresiones hayan cambiado, sino sobre todo porque su sentido y su práctica ya no se dan fácilmente por supuestos. En épocas pasadas, los militantes cristianos y los "agentes de pastoral" practicaban la oración, las devociones tradicionales y los sacramentos (la penitencia, por ejemplo), como algo obvio y sin hacerse muchas preguntas. Pero en las últimas décadas muchos cristianos se han interrogado sobre el sentido de todo eso, otros han rechazado su formación católica tradicional, y han querido sustituirla (a menudo sin éxito) por criterios totalmente nuevos. La palabra misma "espiritualidad" cayó en sospecha.

La reacción interna·de la vida cristiana en la Iglesia no se hizo esperar.

Hoy se habla más que antes de espiritualidad, precisamente en los medios cristianos que han protagonizado, en América Latina, la renovación pastoral, teológica e institucional de la Iglesia. Simplificando, se puede apreciar que la década del 60 fue crisis y renovación de lo institucional y de lo pastoral en la Iglesia: reforma de la parroquia y crecimiento de las comunidades de base, readecuación del ministerio sacerdotal (acompañado de su conocida crisis), reformulación de la misión y estilo de la vida religiosa, ministerios laicos y diaconado, renovación de la liturgia, de la catequesis; y sobre todo un planteamiento global de la evangelización en el continente, a partir de la cultura y liberación de los pobres y oprimidos, para ser desde ahí fermento en toda la sociedad.

La década del 70 profundiza la renovación institucional-pastoral, y elabora una temática teológica que la sustente y justifique: se profundiza la eclesiología de las comunidades de base y de los ministerios y vida religiosa; se reflexiona sobre el catolicismo popular; se trabaja la teología de la liberación desde diversos ángulos, etc....

En la segunda parte de esta década del 70, ya se hablaba, escribía, y también se renovaba en la práctica, en torno a la espiritualidad. Esto se ha ido, acrecentando, y tal vez la década del 80 sea la de la "readecuación" y renovación de una espiritualidad cristiana coherente con la emergente renovación pastoral, teológica e institucional. Síntomas de este movimiento es la búsqueda de una espiritualidad a partir del pobre, el interés por la cultura religiosa popular, el enriquecimiento del tema de la liberación con una "espiritualidad de la liberación" o de encarnación de la fe en la realidad latinoamericana; el renacimiento del tema tradicional de la contemplación y de la experiencia de Dios expresado en el contexto actual; la emergencia de los grupos de oración (v. gr. renovación en el Espíritu Santo); la búsqueda de muchos militantes por reencontrar el sentido de los sacramentos, particularmente la eucaristía y la penitencia.

Esta preocupación por la espiritualidad tiene varias causas, mezcladas entre sí. Algunas de ellas revelan crisis de crecimiento y otras crisis a secas. Hay una crisis de crecimiento en el catolicismo latinoamericano que es coherente con la renovación de su Iglesia.

Si hay una renovación global, la espiritualidad, la experiencia de la fe, la práctica religiosa de los cristianos ha de renovarse. De ahí la búsqueda de una mística del seguimiento de Jesús histórico, una mística del servicio al pobre, una mística de la liberación, una mística de la oración, de la comunidad y de la fraternidad.

Las motivaciones y planteamientos propios de la espiritualidad "preconciliar", en lo que tenían de relación a un cierto "modelo" de Iglesia y de apostolado, se hacen insuficientes: hay que buscar las motivaciones que interpretan la experiencia humana y cristiana de América Latina.

Ello se da en muchos grupos y personas con el carácter de "crisis de ruptura", que debería superarse poco a poco. En la experiencia cristiana latinoamericana han concurrido dos hechos que la han problematizado: la urgencia de las tareas de liberación social y de evangelización de las realidades populares, y por otro lado la acentuación de un proceso de secularización. Ambos hechos, al darse simultáneamente, constituyen un impacto cultural-religioso. Cambia la valoración de lo cristiano: para muchos el compromiso aparece primordial, la práctica religiosa secundaria. Cambia el lenguaje: no se habla de virtudes sino de actitudes y opciones, en muchos medios no se habla de pecado sino de injusticia, de explotación, de opresión, de alienación. Cambia la sensibilidad simbólica: para muchos un ayuno de solidaridad, una marcha de protesta parece más significativa que una celebración litúrgica o una experiencia de oración común. Y así sucesivamente. Esto ha llevado a muchos a cuestionar cosas fundamentales, que para nuestros antepasados eran obvias: cuál es la identidad propia del cristiano; qué aporta de original el cristiano en las luchas e ideales humanos; para qué la Iglesia y sus sacramentos. En breve ¿qué es la espiritualidad?

Estas preguntas, (que también las hacen sacerdotes y religiosas) son inquietantes si revelan una ruptura y un deseo de comenzar desde cero. Se habla así de la necesidad de ir hacia una "nueva espiritualidad", encarnada en el compromiso, en lo político y en la realidad. Se habla de otra oración ("orar las luchas del pueblo"), otras expresiones de la fe. Pero como esto no es posible sin el recurso a la mejor tradición espiritual de la Iglesia, no se encuentra nunca esta "nueva espiritualidad" como experiencia radicalmente nueva (aunque sí se pueda formular como discurso teórico o como búsqueda académica). Se abandonó la "espiritualidad tradicional" como irrelevante, y no hay sustituto satisfactorio.

Aunque esta problemática es bastante elitista, no por eso deja de ser representativa y respetable, y de merecer atención. Tanto más cuanto que hay clero y religiosas que participan de ella, y la transmiten —consciente o inconscientemente— a militantes y laicos perplejos.

Por otra parte, los diversos movimientos de espiritualidad que han surgido últimamente en América Latina, no siempre son bien recibidos. A algunos les parecen parciales (basados sólo en la oración, o en la espiritualidad familiar, o en los compromisos por la liberación de los pobres). Otros hallan que no están en coherencia con el pensamiento y la experiencia pastoral y social latinoamericana. Otros consideran que estos movimientos están "al lado" de las grandes tareas del cristianismo en el continente.

No es el lugar aquí, ni tenemos la competencia, para una evaluación de todo esto. Con buena o mala orientación, el surgir de grupos de oración, bíblicos o de "experiencia de Dios" entre nosotros (aun al margen de la pastoral más oficial), es una llamada de atención y una "protesta" contra

16

la falta de expresión explícita de la fe y de la mística cristiana en muchas comunidades e instituciones pastorales —que por otra parte tienen validez social y misionera—. Siempre habrá en la Iglesia movimientos de espiritualidad, pero estos no serán renovadores en amplitud, si no llevan a interpretar y a inspirar las corrientes más representativas de renovación teológica y pastoral.

Una espiritualidad para la renovación

Para que la espiritualidad sea la inspiración y garantía evangélica que acompañe la renovación de nuestra Iglesia, ha de recuperar lo mejor de la tradición espiritual de la Iglesia encarnándola en nuevas tareas y experiencias. La espiritualidad "nueva" o renovada que buscamos es al mismo tiempo tradicional y "revolucionaria", (en el sentido evangélico, y no ideológico, de estos términos).

Progresivamente, el Espíritu empuja a nuestras Iglesias a una renovación, profunda y global. Para que esta renovación sea auténticamente católica, debe abarcar todas las dimensiones históricas de la Iglesia.

Concretamente: no hay verdadera renovación eclesial sin una transformación: de las instituciones; de la calidad y orientación de las actividades; de la mística o espiritualidad.

Habitualmente la renovación comienza por las actividades pastorales. Pues es ahí donde se experimentan primeramente las incoherencias entre un cierto "modelo" de Iglesia y la realidad. Los misioneros, los evangelizadores en la "frontera" de la Iglesia, son los primeros en advertir la insuficiencia de las modalidades "tradicionales" de acción; la crítica de la pastoral comienza a partir de la experiencia de la misión en la "periferia".

Los cambios y adaptaciones comienzan por ahí. Cambian los métodos y contenidos de la evangelización, de la

17

educación cristiana. Cambia la liturgia: se adopta la lengua local, algunos ritos y símbolos, se toman medidas para una participación cada vez mayor, etc. Cambia la perspectiva misionera: el misionero debe conocer la cultura, la situación humana, debe establecer un diálogo evangelizador con esas realidades. Cambia la "acción social": ya no es sólo servicio de caridad y desarrollo, es también combate por la justicia, los derechos humanos y la liberación...

Por la coherencia del cristianismo, ciertos cambios institucionales y de organización se plantean simultáneamente: nuevas funciones requieren instituciones adecuadas a ellas. El Concilio impulsó a renovaciones institucionales, siguiendo la lógica del Espíritu. Estas reformas abarcan todos los niveles de la organización eclesial: las congregaciones religiosas o sociedades misioneras —cuyos "Capítulos de renovación" se multiplican— las Curias diocesanas y vaticana, las Conferencias episcopales, los Sínodos, las parroquias, las zonas pastorales, los presbiterios, las instituciones de apostolado laico, la enseñanza de la teología, los seminarios, los colegios católicos... Se ponen en pie instituciones nuevas de diálogo misionero: ecumenismo, judíos, otras religiones... Todo en la Iglesia entra en mutación, en coherencia con un modelo pastoral renovado.

Tal vez algunos pensaron que la renovación de la Iglesia era sólo eso. Pero el cambio institucional y funcional —solos— se revelaron insuficientes, superficiales. A veces crearon problemas nuevos y crisis tan innecesarias como agudas. Pues todo cambio en la Iglesia implica, tarde o temprano, plantearse la renovación de las motivaciones que inspiran las nuevas opciones. Sin motivaciones arraigadas, vivas y explícitas, ningún grupo humano, institución o sociedad puede subsistir largo tiempo, ni mucho menos renovarse. Las motivaciones responden a los "porqué" fundamentales de las opciones, de las empresas, de las exigencias, de la misma razón de ser de la institución.

Para la Iglesia, las motivaciones son más que esenciales; son su sello de identidad. Los "porqué" de su organización y de su acción no se explican decisivamente por las ciencias humanas o la pura racionalidad histórica: se refieren a Jesús y su Evangelio como la motivación global, imprescindible y dominante. Es la motivación del Espíritu. Por eso hablar de motivaciones en el cristianismo es hablar de mística, de espiritualidad.

La renovación institucional y funcional de la Iglesia requiere una renovación de su mística.

La espiritualidad católica en la historia, por su misma naturaleza encarnada, nunca se da como una "actividad" aislada de una pastoral, de una teología, de unas condiciones sociales y culturales. Pues una de sus dimensiones —no la única— es motivar a los creyentes a partir del seguimiento de Jesús. Este seguimiento adquiere matices, exigencias y temas renovados en coherencia con la misión, y con la experiencia humana de los creyentes. Si la vida de Cristo y el Evangelio son siempre los mismos, las experiencias y opciones que inspiran son siempre históricas.

La espiritualidad no es una ciencia o una praxis más en la Iglesia. Es la "savia" de la pastoral, de la teología y de la comunidad, cualquiera que sea su "modelo".

Cuando esto se olvidó en el actual proceso de renovación eclesial, se produjo una "esquizofrenia" en algunos cristianos, lo cual es una de las causas de muchos fracasos. En poco tiempo, ellos progresaron en todos los niveles de la renovación. Cambiaron muchas categorías pastorales, teológicas, disciplinarias. La imagen de la Iglesia y la misión cambió. Igualmente su concepto que relacionaba la fe con la historia y la sociedad; por eso las opciones sociales y políticas tomaron más importancia.

En este contexto no hubo una renovación mística, y ésta quedó "tradicional", coherente con otra visión de la fe y la misión, e incoherente con las nuevas experiencias eclesiales. En estas condiciones una espiritualidad no motiva, se hace irrelevante. Acaba por percibirse como un apéndice inútil, y termina por abandonarse. Pues una mística que no nutre la experiencia humana deja de tener significación; una espiritualidad ajena al modelo eclesial que se vive lleva a las crisis de la "esquizofrenia" cristiana. Muchos abandonos de la pastoral o aun de la fe radican ahí.

La única respuesta no está en abandonar toda mística, o en retroceder en la renovación de las instituciones u opciones (por miedo a un colapso de los valores cristianos), sino en renovar profundamente la fe y la espiritualidad.

2. LA ESPIRITUALIDAD COMO MISTICA Y COMO PRACTICA

No es fácil apreciar los cambios en la manera de vivir la fe de los católicos contemporáneos. Nos referimos a las nuevas generaciones, y sobre todo a los que evolucionaron hacia un modelo pastoral, eclesial y de compromiso social renovado. Su experiencia cristiana cambió, y su fe ya no se siente cómoda en las categorías de la espiritualidad "tradicional" la que emergió en los siglos XVIII y XIX, no siempre es la mejor tradición católica. El creyente contemporáneo, además, o está integrado o está influido por la civilización urbana, por la tecnología, por la cultura de los medios de comunicación, por la complejidad de la vida y del trabajo moderno. Aún las clases populares participan en este esquema, que representa otro modelo de valores y de cultura, y que influye poderosamente en la crisis del "modelo tradicional" de la Iglesia y de su espiritualidad.

La experiencia pastoral nos permite apreciar ciertos cambios, o mejor tendencias, en la "psicología espiritual" de estos católicos, ya muy distante de la psicología y praxis espiritual del siglo XIX. (Epoca en que la espiritualidad de la contra-reforma acentuó su período de decadencia).

El creyente de hoy es más sensible a las actitudes que a las prácticas. Valoriza la fe como actitud de compromiso, y tiende a desvalorizarla como práctica religiosa. Valoriza la caridad como actitud, como compromiso que engloba la vida, no tanto como "actos de caridad". Es más sensible a la actitud interior en las virtudes más que a su práctica según ciertas normas. Le interesa el espíritu de oración, más que la práctica de la oración...

De ahí algunas consecuencias. El creyente de que hablamos elude una espiritualidad "sistemática": la práctica metódica de la oración y los sacramentos, aun la eucaristía dominical... Tiene dificultad con el sacramento de la penitencia en su forma tradicional.

Sí, centrar la mística cristiana en la disposición del corazón es sano. Se evitan los peligros del formalismo y de una cierta exterioridad conformista. Pero a través de este "modelo espiritual" se debe recuperar una espiritualidad integral renovada, que sea también fiel a la práctica de la fe y a ejercicios concretos de oración y de vivencia evangélica.

Pues una espiritualidad de actitudes sin ejercitarse ni explicitarse termina por evaporarse. Es tan ilusoria como una práctica sin espíritu. Es verdad que la espiritualidad moderna aparece menos sistemática en sus prácticas; tiende más a momentos de fe y oración más espaciados y densos. A esto la lleva también la forma de vida moderna. Pero estos momentos fuertes de experiencia religiosa deben existir y deben preverse y elegirse. Si no, se quedan en pura aspiración, y la mística cristiana no es una mística de buenos deseos, sino de seguimiento de Cristo y de práctica de su Palabra.

En suma, y de cara a las condiciones y tendencias sicológicas del hombre contemporáneo —no siempre sanas— el cristiano ha de descubrir la espiritualidad al mismo tiempo como mística y actitud, y como práctica y ejercicio, apoyándose y reforzándose mutuamente.

Digamos algo más sobre estas dos dimensiones, hoy problemáticas, de la espiritualidad cristiana.

La espiritualidad como mística y actitud (1)

Al abordar este tema, me permito hacerlo a partir de una experiencia personal y de una parábola.

"La espiritualidad cristiana se parece a la humedad y al agua que mantiene empapada la hierba para que ésta esté siempre verde y en crecimiento. El agua y la humedad del pasto no se ven, pero sin ellas la hierba se seca. Lo que se ve es el pasto, su verdor y belleza, y es el pasto lo que queremos cultivar, pero sabemos que para ello debemos regarlo y mantenerlo húmedo". Con esta sencilla parábola un obrero me explicaba lo que era para él su vida cristiana.

Me quedé con la comparación —que revela su tradición campesina— y más tarde la he utilizado, desarrollándola un poco más. El pasto, la hierba, es el quehacer de la vida de las gentes. Es el conjunto de sus ideales y proyectos constructivos, altruistas y significativos: la lucha por la justicia y por los pobres, como ideal religioso o socio-político; una profesión, un trabajo, una carrera científica al servicio de los demás; el arte y las formas de cultura; en fin, un objetivo que engloba la vida y orienta el quehacer. Pero los ideales de las gentes las más de las veces son más simples, ordinarios y decepcionantemente limitados. A lo menos es lo que nos enseña el contacto con los centenares de personas corrientes que encontramos. Sus ideales y proyectos son habitualmente los ideales de día a día, de tener un buen trabajo, una seguridad, de sobrevivir, de tener un espacio familiar y afectivo en sus vidas. Ahí no hay grandes compromisos, ni sociales, ni políticos, ni religiosos. Estas gentes conviven con nosotros, tienen sus preferencias sociales, culturales, profesionales, artísticas y políticas. Asisten más o menos esporádicamente a las iglesias. Tienen bondad y valores, pero están lejos de los planteamientos de las élites sociales y religiosas.

La "hierba" de la parábola es también el trabajo y el compromiso de las gentes. Ello suele corresponder a sus ideales. Hoy se habla mucho de "estar comprometido". Se entiende que por los ideales de que hoy tiene urgencia la sociedad: la justicia, la liberación de los pobres, la extensión del evangelio. Pero de una manera general toda persona está "comprometida": el compromiso de ganar el sustento para su familia, su trabajo, su sindicato, ciertos servicios de amistad y solidaridad —muy simples— con sus conocidos o vecinos. La idea del "cristiano comprometido" es extremadamente amplia, y la mayoría de las gentes tienen compromisos muy poco entusiasmantes y ciertamente opacos.

Pues bien, todas estas vidas, hechas a veces de ideales y compromisos exigentes y significativos, y las más de las veces oscuros y ordinarios, necesitan, en todos los casos, "agua y humedad" para no marchitarse, desanimarse y hacerse irremediablemente egoístas. Los ideales y compromisos espectaculares no son ni más ni menos llevaderos que las vidas opacas que transcurren en una lucha diaria por trabajar, mantenerse y sobrevivir: llevar una vida cristiana es difícil en los dos casos; el martirio del profeta es tan respetable como el del pobre y olvidado que muere algo cada día.

Las gentes necesitan "el agua" como la necesita el pasto. En el evangelio de la samaritana, Jesús nos enseña que esta "agua" no la podemos extraer totalmente de nosotros mismos —y que es un "agua" que debe durarnos siempre: "Si conocieras el don de Dios y quién es el que te pide de beber, tú misma me pedirás a mí. Y yo te daría agua viva... El que bebe de esta agua (del pozo) vuelve a tener sed, pero el que beba del agua que yo le daré no volverá más a tener sed. Porque el agua que yo le daré se hará en él manantial de agua que brotará para la vida eterna..." (Jn 4, 10. 14). Esta agua se traduce para nosotros como motivaciones, inspiración para trabajar, luchar, sufrir, vivir sin egoísmo y también morir de manera digna y humana. Todo ser humano tiene alguna inspiración y motivación en su vida, y cuando esta motivación es densa e idealista, cuando es experimentada como "motor" y como fuente de agua permanente, la denominamos "mística". La diferencia entre la mística y la simple motivación inspiradora, es que la mística, por su fuerza y densidad, es capaz de arrancar del egoísmo y entregar a una tarea —un compromiso— superior al mezquino interés personal.

Si es verdad que todos los hombres viven de motivaciones y actitudes, es igualmente verdad que éstas no son siempre las mejores. Motivación puede ser la ambición, la fascinación del dinero y del lucro, del placer y de toda forma de sensualidad. Llegar a motivaciones que entreguen a ideales mayores que uno mismo ("el amor mayor" de que habla San Juan) requiere mística. La mística es un gran ideal e inspiración que neutraliza los ídolos del egoísmo que se apoderan, de manera siempre nueva, de las motivaciones del corazón humano.

Pero aun las místicas son precarias, como inspiración permanente para vivir al servicio de una causa mayor. Pues se trata de entregarse a este servicio no sólo en las buenas épocas de la vida, o en la edad del idealismo, sino como un proyecto a lo largo de toda la existencia. Además, el "amor mayor" es fácilmente corruptible, no tanto por claudicación consciente, sino por sustitución por algo que se le parece, pero que se ha hecho ya ambiguo. Así vemos cómo la lucha por los derechos de los pobres se transforma en la lucha por una ideología política, hasta el punto que la lucha ideológica sustituye a la solidaridad real con las personas, y la ideología (que es una mediación) puede llegar a sustituir la justicia. Igualmente la causa del Reino de Dios y su evangelización puede sustituirse por la "política eclesiástica".

Por otra parte, la mística que mantiene viva la fuerza y la calidad de nuestras opciones y compromisos, requiere renovarse permanentemente: si el agua del prado se estanca, la hierba se va deteriorando. Una mística requiere una fuente no contaminada de suministro. Para ello no basta mantener unos ideales y una causa al nivel ideológico, pues lo que le da a una mística su fuerza y su densidad es lo que ésta tiene de existencial, de experiencia vivida. La fuente de toda mística es una experiencia. La fidelidad a las grandes causas, los compromisos auténticos, se verifican porque forman parte de una experiencia creciente y permanente. Pero como la experiencia humana es siempre ambigua y precaria, la mística quedará siempre bajo la tentación y amenaza de la ambigüedad y de estancamiento.

Volvamos al obrero cristiano y a su parábola de la humedad y de la hierba. Lo que nos ha querido decir es simplemente lo siguiente: Primero, explicitar con sus propias palabras lo que es para él —en la realidad de su vida y no en fórmulas— lo más fundamental de su creencia cristiana: la fe, como experiencia; Cristo, como experiencia; la Iglesia, la eucaristía, como fuentes de experiencia. Este hombre, junto con los demás hombres y mujeres de su comunidad cristiana, son dirigentes, idealistas, entregados a la causa de la redención de los obreros. Trabajan en el movimiento sindical, en la educación popular, en comunidades cristianas. Tienen un largo recorrido de compromiso popular y de solidaridad en la lucha de sus hermanos. Son gente adulta, todos casados y algunos ya serán abuelos. Son viejos luchadores que han sabido durar, que han militado en grupos políticos y también en instituciones de Iglesia. Han tenido éxitos, fracasos y decepciones.

Hoy esta gente está en una cierta crisis. No crisis personal, sino crisis de mística. "Estamos cansados", me decía uno de ellos. Por eso, y aun cuando militan en organizaciones y tipos de tarea diferentes, han decidido reunirse periódicamente con el único objeto de renovar y profundizar las motivaciones e inspiración de su acción. Para ello no han querido intercambiar sobre los principios o programas de sus organizaciones políticas, sindicales o de militancia cristiana, sino sobre un nivel más radical y global: las motivaciones y mística que les viene de su fe. Sus reuniones son sobre la experiencia de la fe y concluyen haciendo de esta experiencia una celebración explícita: terminan con la eucaristía.

Ahora entendemos mejor lo que es la espiritualidad cristiana como agua que impregna la hierba. Tiene algo de común con otras grandes inspiraciones y místicas de una causa mayor: la espiritualidad es la motivación que impregna los proyectos y compromisos de vida, tanto espectaculares como ordinarios, importantes o cotidianamente oscuros.

Pero igualmente la espiritualidad cristiana es diferente y original con respecto a cualquier otra mística o motivación: su fuente es la experiencia de la fe. No la fe en Cristo y su evangelio a secas, sino Cristo y el evangelio hecho experiencia. No el seguimiento de Cristo como pura norma de ética, sino el seguimiento hecho experiencia religiosa.

Hay espiritualidad cuando la experiencia de Dios y su palabra, como amor exigente que empapa la hierba de nuestras vidas, es suficientemente densa y viva como para constituirse en inspiración y motivación consciente de las diversas formas de entrega a un amor mayor.

La espiritualidad cristiana no es meramente el compromiso por el bien de los hermanos o la causa de los pobres (aunque el compromiso y toda forma de práctica del amor es esencial a ella) sino también la motivación y la mística que empapa e inspira el compromiso. La espiritualidad no es la sola entrega a una causa mayor que lleva a olvidar el egoísmo —lo cual no es privativo del cristiano— sino los motivos evangélicos por lo cual se hace.

La mística cristiana es la motivación y referencia explícita a Jesús, a su evangelio y la justicia de su Reino.

Parecería entonces que la mística cristiana es una motivación significativa y noble, que simplemente se agrega a otras motivaciones no explícitamente evangélicas, también importantes y nobles, pero donde el ideal, la entrega, el compromiso, tendría la misma fuerza y calidad.

Si sólo fuera así, la espiritualidad sería dispensable para el cristiano. Pero la mística cristiana tiene un sentido más hondo: transforma y mejora cualitativamente el ideal y el compromiso por un amor mayor. Si volvemos a nuestro ejemplo del agua que impregna la hierba, es evidente que la calidad y la composición química de esta agua no es indiferente para la vitalidad de la hierba. Hay aguas de pureza diversa, porque es diversa la calidad de la fuente de donde procede. Hay aguas más o menos ricas, más o menos turbias. Cuando decimos que la espiritualidad cristiana es la inspiración mística, hecha experiencia explícita de fe y seguimiento de Jesús, estamos apuntando a una fuente de inspiración y motivación que trasciende en calidad a toda otra fuente de ideales. Y ello, de suyo (es decir, si no se frustra en casos particulares) ha de dar a la entrega, al compromiso y al ideal por una causa mayor, una constancia, una fidelidad, una abnegación y una calidad en la lucha por la justicia y en la realización de todas las formas del amor mayor (públicas y privadas, familiares y políticas, espectaculares y opacas), sin paralelo fuera de la mística del evangelio. Porque la calidad del agua se transmite a la calidad de la hierba; y la calidad de la mística se transmite a la calidad del compromiso. Esta es ley del quehacer humano, y si una mística viene de Dios y su palabra, la calidad de la entrega tendrá una calidad "religiosa" absolutamente especial y radical, que llamamos espiritualidad.

La espiritualidad como práctica y ejercicio de la fe (2)

Ya hemos recordado más atrás las dificultades de algunos cristianos para integrar la práctica y el ejercicio de la fe en su vida de compromiso. Podemos ahora resumir las razones de estas dificultades, que como vemos son variadas y complejas.

Una primera razón es por reacción contra las escuelas de espiritualidad que sobrevaloran las prácticas exteriores, lo cuantitativo, la perfección personal y los valores "interiores" (la "vida interior" como se solía decir). Se critica en estos planteamientos una tendencia a lo farisaico, a lo privatizado, su incoherencia con los desafíos de la realidad y con las exigencias históricas de la conversión.

Una segunda razón viene de una verdadera alergia de nuestra generación a caer en dualismos y dicotomías, o aun a parecerlo. Esta tendencia es tan fuerte, que incluso a muchas mentes se les dificulta hacer distinciones, o hablar de dimensiones, por miedo a que parezcan separaciones. Esto va unido a una falta de sana filosofía, que nos enseñe a distinguir sin separar, y a señalar realidades autónomas, que no se confunden pero que se articulan y unen. Porque, dicho sea de paso, la espiritualidad cristiana supone en su base, sentido común y una mente filosóficamente sana.

En esta tendencia, se quiere —con razón— no separar la espiritualidad de la vida, de la realidad y de compromiso. Y las prácticas de espiritualidad sugieren esta separación. Son actos como el margen de la vida y de la realidad. Sugieren una fe que no está encarnada en la realidad. Pues —se dice— es la realidad, sus desafíos y compromisos que deben alimentar y suscitar la espiritualidad, y no actos al margen de la experiencia humana.

Una tercera razón —y esta es más tradicional y permanente— es que la espiritualidad como práctica de la oración siempre ha sido ardua y dificultosa, y siempre ha requerido una buena dosis de fe. Siempre tendremos la tentación de explicar las dificultades y dudas en este terreno con una "ideología-teológica", que simplifica y escamotea el problema sin afrontarlo. En el cristianismo también la doctrina se suele acomodar a la práctica.

Ante todo lo anterior, hay que repetir una vez más que es esencial a la espiritualidad la expresión y celebración de la fe con prácticas propias de ella, autónomas, e irreductibles a cualquier otro tipo de práctica o compromiso. La espiritualidad cristiana tiene dos dimensiones, articuladas e inseparables, pero perfectamente distinguibles y autónomas: espiritualidad es la mística y la inspiración de la entrega y el compromiso por un amor mayor; espiritualidad es también, y necesariamente, la práctica de la fe (sacramentos, oración, expresiones exclusivamente religiosas).

Las dos dimensiones de la única espiritualidad están llamadas a articularse e ir juntas en la vida del creyente. Si esto no sucede siempre —y si han existido incluso "escuelas de espiritualidad" que hayan llevado a separaciones y dualismos— ello no es culpa del dinamismo de la fe cristiana, sino de una decadencia histórica o de fallas personales. Prácticas de espiritualidad que no se prolongan en mayor mística y compromiso; y luchas e ideales que no se nutren de la práctica de la fe, son caras de la misma crisis: la separación de fe y vida, la dificultad para hacer la síntesis de ambas. Es como querer una hierba empapada sin una fuente de donde brote agua, o mantener una fuente que no está empapando la hierba.

Con respecto a los prejuicios de nuestros contemporáneos sobre la práctica de la fe (sacramentos, oraciones como actividad propia y exclusiva, y no incluida por lo tanto en los quehaceres y en los medios de acción), habría que agregar lo siguiente, a lo dicho anteriormente:

a) Definir la espiritualidad puramente como una ética, una mística y una actitud que acompaña la acción es absolu-

29

tamente insuficiente. No hay actitudes ni éticas sin referencias, sin cauces, diría sin un "cuerpo". El "espíritu de fe" requiere cristalizar y explicitarse; el "espíritu de oración" requiere estar revestido de prácticas concretas de oración, para no disolverse; el seguimiento de Cristo requiere adentrarse en la persona y palabras reales y vivas de ese Cristo.

La razón de la necesidad de la práctica religiosa en cualquier modelo de espiritualidad viene de la naturaleza misma de la fe, de la esperanza y del amor cristiano, sin cuya explicitación no hay ni cristianismo ni espiritualidad. Cuando explicitamos la fe en la oración, en la liturgia, o en nuestra experiencia religiosa personal, estamos también alimentando la fe. Si la fe y la vida cristiana no se alimentan, se extinguen. Por su índole religiosa, la fe se nutre por medios religiosos. La fe es algo irreductible y específico, que crece y se alimenta por medios concretos y específicos, y no sólo con actitudes y buenos deseos. De ahí la vigencia permanente de la oración, de los sacramentos, del contacto con la Biblia, en toda experiencia cristiana.

Esto es hoy tanto más urgente cuanto menos habla explícitamente a la fe del ambiente de la sociedad moderna. En estas circunstancias, si la fe no se practica se debilita más rápidamente. Actualmente el creyente no se satisface ni con las formas, ni muchas veces con el fondo de la práctica religiosa "tradicional", que respondía a un modelo más devocional que bíblico y más privatizado que fraternal o social. Pero si es consciente que la fe es un don de Dios, a veces frágil como una flor en el desierto, buscará momentos fuertes de oración, según su sensibilidad, la experiencia de su vida y la ayuda de otros hermanos en la fe. La comunidad cristiana se revela como necesaria también como medio para crear un ambiente religioso donde la fe pueda experimentarse y crecer. Así también se redescubre la Iglesia desde esta dimensión: como la "institución religiosa" que hace posible el desarrollo de la fe, la esperanza y la caridad. Sin

Iglesia no hay fe, no hay vida cristiana. La Iglesia es la patria de la fe.

b) Una cosa es la exigencia de encarnar la experiencia de la fe cristiana en la realidad, (unir fe y vida) y otra cosa es diluir la fe en la realidad temporal, y en la acción. El peligro de la espiritualidad de la pura acción y actitudes éticas es diluir la fe en la realidad. Pero la fe —que ciertamente no existe fuera de una realidad y experiencia humana— es tan transcendente como es encarnada. Es decir, no surge ni se nutre de la pura realidad, luchas y compromisos. La fe es también don de Dios, y viene a través de la palabra de Dios y de una acción propia de Dios.

Ciertamente que la realidad —la entrega, el amor mayor, el prójimo y particularmente el pobre y oprimido— son fuentes y experiencias de espiritualidad y de verdadera fe... pero a condición que el espíritu de fe ya exista previamente. Nunca la acción o la realidad solas han llevado a la fe, ni siquiera los compromisos generosos —a no ser que la experiencia de la fe no estuviera ya de alguna manera presente—. Lo contrario sería afirmar que todos los hombres generosos serán necesariamente creyentes.

3. ESPIRITUALIDAD Y ESPIRITUALIDADES

Hemos evitado hasta ahora dar una definición de espiritualidad. No es fácil hacerlo, como tampoco es fácil definir lo que es la vida de fe, o la vida cristiana o el cristianismo —que de alguna manera son términos equivalentes—. La razón de la dificultad estriba en la riqueza de la idea cristiana de espiritualidad, que hace que cualquier definición quede pobre e insuficiente. Típicamente, ello sucede también con la mayoría de los términos cristianos fundamentales: no es fácil definir qué es la evangelización, ni qué es la Iglesia. Como en el caso de la espiritualidad, esos temas se pueden describir, identificar lo mejor posible, a menudo acumulan-

31

do varias "definiciones" convergentes, todas ellas válidas pero en sí mismas parciales.

Si investigamos lo que los grandes autores espirituales cristianos entendieron por espiritualidad, encontraremos varias "definiciones" diversas, todas ellas correctas, y no-excluyentes las unas de las otras. Las diferencias provienen de la propia experiencia espiritual de los autores, de la síntesis teológica que tenían, etc. Formulaciones de la espiritualidad cristiana como "la identificación con la voluntad del Padre", o "la vida conducida por el Espíritu", o "la imitación, o el seguimiento de Jesucristo", o "la vida de la gracia"... han sido y son habituales. Sin pretender definir el problema, pensamos que los acentos que han de emplearse en un determinado momento o lugar para formular la espiritualidad, han de ser coherentes con los acentos teológicos y pastorales respectivos.

Así, en las Iglesias de América Latina se tiende actualmente a subrayar la espiritualidad en su referencia a Jesucristo, su seguimiento y su vida pascual. Esta perspectiva es apta, pues está muy arraigada en el nuevo testamento, incluye, a lo menos implícitamente, los elementos fundamentales de la espiritualidad católica, y es culturalmente significativo para las comunidades cristianas.

Podemos identificar la espiritualidad cristiana (y no sólo para América sino para cualquier lugar, cultura y condición social), como el proceso del seguimiento de Cristo, bajo el impulso del Espíritu y bajo la guía de la Iglesia. Este proceso es pascual: lleva progresivamente a la identificación con Jesucristo, que en el cristiano se da en forma de muerte al pecado y al egoísmo para vivir para Dios y los demás. Seguir e identificarse con Jesucristo es participar en su pascua, como "paso" de muerte a vida, lo cual está convenientemente subrayado en la simbología del bautismo, que es objetivamente el momento de iniciación a la espiritualidad en un cristiano.

La espiritualidad cristiana está marcada por su origen bautismal. En el bautismo, según S. Pablo, "fuimos sepultados con Cristo en la muerte, a fin de que al igual que Cristo fue resucitado de entre los muertos así también nosotros vivamos una vida nueva" (Rom. 6, 4). Así el cristianismo es una dialéctica pascual, de progresivas muertes y resurrecciones en Cristo, que nos van continuamente identificando con El. El conjunto de acontecimientos de nuestra historia personal y de la historia de la humanidad no es otra cosa que la incitación progresiva a este acontecimiento pascual que llama a cada hombre y a la sociedad a integrarse en el misterio de Cristo resucitado, imitándolo en su condición histórica.

En esta perspectiva, para el cristiano la historia y los acontecimientos son un llamado a salir de su egoísmo y a revestirse de Cristo, a fin de vivir para los demás. Y esto también hoy, ante los acontecimientos y desafíos actuales. Es al interior de ellos que debemos seguir a Jesús de Nazaret en su dinamismo pascual. La espiritualidad cristiana es histórica porque en tales o cuáles tiempos y lugares se apoya (y pone de relieve) tales o cuáles valores evangélicos, que en esa situación le inspiran los caminos adecuados del seguimiento de Jesús. No son siempre las mismas escalas de valores de las que especialmente nutren la fe de cada cristiano en las diversas experiencias históricas de la Iglesia, para ayudarlos a seguir a identificarse con Cristo muerto y resucitado.

En este sentido, y al interior de una única espiritualidad cristiana, puede haber diversas "espiritualidades cristianas". La historia lo verifica con respecto a épocas, lugares, culturas, experiencias y desafíos. Las diversas "espiritualidades" no son esencialmente diversas las unas de las otras; tienen la misma identidad y las mismas fuentes. Se trata siempre de seguir a Jesús. Pero difieren en la modalidad histórica de seguirlo, y por lo tanto en los valores de su

33

mensaje que se privilegian, según las diversas situaciones, desafíos, y particularmente culturas.

Pongamos ejemplos. Hay cristianos en situaciones y compromisos diversos: una religiosa contemplativa, una madre de familia, un misionero... Todos deben seguir a Jesús según el evangelio, pero por su forma de vida y desafíos recurrirán a temas y valores diferentes, y acentuarán ciertas exigencias más que otras en este seguimiento. (Valores y exigencias en torno a la contemplación cristiana, o a la familia cristiana, o a la misión). Así se puede hablar aptamente de una espiritualidad contemplativa, o familiar-matrimonial, o misionera.

Parecidamente, cada época en la historia matizó y sintetizó de manera diferente su experiencia del seguimiento y de la santidad. Ello debido a las ideas teológicas prevalentes, y a las diversas mentalidades y culturas. Así hablamos de espiritualidad medieval, de la "devoción moderna", de la espiritualidad de la contra-reforma... También sucede que las tareas y las experiencias cristianas son diversas, y ello va a privilegiar, al interior de esas Iglesias, ciertas exigencias cristianas. Así, en los países del Atlántico Norte, actualmente hay que evangelizar un mundo tecnológico y secularizado, y hay que dar testimonio de la fe en ese mundo, lo cual genera una espiritualidad particular en esas áreas cristianas. En América Latina, en cambio, la urgencia es evangelizar a partir de las injusticias sociales y de los pobres y oprimidos, y ello urge a apoyarse más en ciertos valores y experiencias cristianas. De ahí que se hable en América Latina de una mística de la liberación, o de la comunión y participación. El contexto cultural de la fe es otro factor muy importante. Es diferente vivir la fe y seguir a Jesús en el interior rural del Brasil, en las comunidades cristianas del Japón, entre los indígenas de los Andes o entre la burguesía occidental. Tan serias diferencias de mentalidad y experiencia cultural van a generar modos diferentes de entender y realizar la espiritualidad. Así, se podría hablar de espiritualidad campesina, espiritualidad de las clases medias, o espiritualidad andina o japonesa.

Sucede, además, que en la vida de la Iglesia no toda experiencia espiritual alcanza el rango de ser reconocida por la historia, o por la teología, como "espiritualidad". Ello tal vez se deba a la manera como la tradición eclesial ha reconocido de hecho las espiritualidades. Esta tradición no ha estado tan atenta a experiencias locales y culturales, sino sobre todo a ciertos santos, que realizaron en sus vida los valores evangélicos según una cierta época y supieron comunicar a otros la experiencia de su espiritualidad. Las grandes corrientes de espiritualidad se identifican sobre todo por sus testigos, santos o fundadores, que explicitaron en sus vidas los rasgos de una determinada experiencia espiritual. Así, de hecho, las espiritualidades más conocidas son las que tienen relación con la espiritulidad de un santo. Espiritualidad franciscana, dominicana, ignaciana, carmelitana (Santa Teresa y San Juan de la Cruz), benedictina, etc... correspondiendo de hecho a otras tantas Congregaciones religiosas. Esto es normal e inevitable, ya que para que una espiritualidad se propague y sea reconocida como tal, es necesario que tenga la garantía de la Iglesia, y que tenga medios de comunicarse, lo cual se da en el caso de los santos-fundadores. Pero junto a la indispensable experiencia espiritual de los santos, deberíamos poner también más atención a las otras formas de espiritualidad católica que no tienen santos ni "escuela", pero que tienen vigencia, según lo visto más arriba. (Espiritualidad familiar, o de la liberación, o campesina, etc...).

Para comprender las diversas espiritualidades que hay o que hubo en la historia, hay que tener en cuenta todos los factores que la han influido, incluso en los escritos y espiritualidades reconocidas de los santos y fundadores. Estos factores se refieren a un cierto "modelo de Iglesia", a un cierto modelo cultural, a ciertos hechos históricos y sociales. Dediquemos una reflexión a cada uno de estos factores, que suelen encauzar las diversas experiencias de la fe cristiana.

Espiritualidad y "modelos de Iglesia"

Una determinada espiritualidad en la historia no es otra cosa que una modalidad válida de vivir la fe cristiana. Pero un "modelo" de espiritualidad no es un fenómeno espiritual aislado y autónomo, sino que es siempre coherente, y es también el resultado, de los demás factores que constituyen la vida de la Iglesia en un determinado tiempo y lugar. El conjunto de los factores históricos y contingentes que caracterizan esta institucionalidad de la Iglesia se los suele llamar el "modelo de Iglesia". Y lo habitual será que a un cierto "modelo de Iglesia" corresponda un cierto modelo de pastoral, de teología, y de espiritualidad que es lo que aquí nos interesa (3).

El que la institucionalidad de la Iglesia y su misión hayan cristalizado en la historia según diversos modelos parece fuera de duda. Los ejemplos sobran. La celebración de la eucaristía en las comunidades domésticas de la Iglesia primitiva es un modelo litúrgico muy diferente de la celebración de la misma eucaristía en las catedrales medievales, y ambos son diferentes de la celebración actual.

El modelo de enseñanza catequística en la colonia latinoamericana no es el de nuestra pastoral actual. La manera de entender la relación entre la Iglesia y la sociedad en el siglo XIX no es la que se apunta en el Vaticano II, o en las conferencias de Medellín y Puebla, y eso lleva a modelos de "pastoral social" muy diferentes. El modelo actual del obispo no es el de la Iglesia en el Renacimiento. O el modelo de misión que traían los evangelizadores a América en el siglo XVI no es el mismo modelo de las actuales misiones entre indígenas.

Ante la constatación de que en su recorrer histórico, la Iglesia y su espiritualidad han ido cambiando, (no su identidad, sino sus "modelos", lo cual es inevitable y sano dada la naturaleza encarnada y visible, tanto de la Iglesia como de la espiritualidad católica), podemos establecer ciertos criterios generales.

a) No parece justo criticar modelos de espiritualidad pasados con la perspectiva de nuestro modelo actual de la Iglesia. Cada modelo hay que comprenderlo en una determinada época, cultura, filosofía de la vida, desafío misionero para la Iglesia. No es necesariamente su manera de cristalizar en la historia lo que hace "bueno" o "malo" un modelo, sino una mayor o menor fidelidad al mensaje evangélico, su mayor o menor fidelidad al Espíritu que habla en "tal" historia y en "tal" mundo social, su capacidad de generar santidad y misión.

b) Ningún modelo de la Iglesia puede reclamar para sí el ser la única o mejor versión de la Iglesia Católica querida por Cristo. Como un tipo de arbusto no puede considerarse el único desarrollo posible de su semilla. Siempre idéntico a sí mismo, todo "modelo" es plenamente la Iglesia; siempre histórico, todo "modelo" es contingente, susceptible de renovación para ser más auténticamente Iglesia. Lo propio sucede con la espiritualidad.

Muchos católicos suelen pensar que cuando se introducen cambios en el modelo de la Iglesia y de la espiritualidad que ellos siempre conocieron —hecho habitual en las últimas décadas— "les están cambiando la Iglesia". Si en gente sencilla eso es fruto de desinformación o falta de pedagogía, en los cristianos cultivados eso es "integrismo". El integrista (conservador radical) ¿no está confundiendo "la" teología con un "modelo teológico"; "la" Iglesia con modelos institucionales contingentes; "la" espiritualidad con la forma de vivir la fe en una cierta época?

c) En la Iglesia Católica los cambios profundos que llevan a "modelos nuevos" se dan por integración y no por ruptura. La idea de ruptura en la reforma de la Iglesia implica cortar con la savia, con la vida de Cristo que es la vida de la Iglesia. Es hacer "otra espiritualidad" sin continuidad con la anterior —y por eso sin identidad ni autenticidad.

La idea de integración es más apta para describir lo que sucede en una reforma de espiritualidad en la Iglesia: ésta conserva siempre todo lo válido de lo de los "modelos" anteriores, aunque renovándolos según el nuevo contexto. La espiritualidad católica ha pasado por modelos históricos muy diversos —la nuestra no es la del medioevo— pero conservando las verdaderas riquezas de la tradición anterior y renovando sus valores permanentes.

Ello requiere un discernimiento a veces difícil, que fue siempre fuente de discrepancias y controversias. Sobre todo en tiempos de "transición de modelo". Pues si la manera como cambia la Iglesia —integrando— ofrece la garantía de mantener la unidad, ir creando consenso y educando la fe en un contexto nuevo, lleva también a que los procesos de transición de modelo sean bastante largos y siempre incompletos. Así, no existen modelos históricos puros. Ninguna renovación espiritual llega realmente a toda la Iglesia. Modelos caducos suelen perdurar por siglos, y modelos cronológicamente cercanos suelen coexistir en tiempos de transición.

Obviamente esto es también fuente de conflictos. No parece posible evitarlos sin sacrificar la renovación o la tradición auténticas. Es necesario aprender a convivir en comunión entre estas diversas mentalidades. Pues esta suele ser una de las raíces de las actuales discrepancias y malos entendidos: cuál es el modelo de Iglesia al cual se hace referencia, con el cual los cristianos se identifican. Así se pueden utilizar las mismas palabras: misión, contemplación, liberación, renovación, aunque en "modelos" eclesiales diferentes, lo cual conduce a las divergencias por todos conocidas. Todo esto tiene que ver con las "crisis" actuales en la Iglesia. Donde hay transición y renovación hay siempre crisis en el sentido de un proceso que crea una síntesis de valores más adecuados que la síntesis anterior. La crisis es entonces inherente a la Iglesia, nos lo confirman veinte siglos de historia. Los cristianos debemos aprender a adherir a la Iglesia en sus crisis tanto como en los períodos de más estabilidad; debemos vivir de su espiritualidad en sus decadencias y en sus renovaciones.

d) La globalidad y la coherencia de los cambios en los modelos de Iglesia, ya se ha constatado, no sólo afectan sus instituciones y su actividad visibles, sino también la mentalidad, el modelo de teología, y consiguientemente el modelo de espiritualidad.

Un modelo de Iglesia naturalmente genera un "modelo de teología", en el sentido de los temas, acentos y aun la metodología que la teología tiende a privilegiar. Y en el mismo sentido genera un "modelo de espiritualidad".

De ahí que las renovaciones globales en la Iglesia —las que inciden en el modelo mismo— renueven todos sus aspectos, tarde o temprano. Esta inter-relación interna, esta coherencia de las instituciones del cristianismo hacen que no podamos hacer una historia de la teología prescindiendo de los otros aspectos de la vida cristiana de una época como la pastoral o la eclesiología predominantes; ni una historia de la espiritualidad prescindiendo del modelo de relación entre la Iglesia y la sociedad o la cultura, o del modelo de vida ministerial o religiosa, etc.

Espiritualidad y modelo cultural (4)

El documento de Puebla nos recuerda la enseñanza del último Concilio corroborada por la experiencia secular de la

Iglesia, sobre la profunda relación que existe entre la fe cristiana y las culturas. Esta relación viene tanto por la vocación del evangelio a transmitirse y arraigarse según el modo de cada cultura, como el hecho de que el factor religioso es un componente que afecta decisivamente a las culturas (Doc. Puebla 389).

Esta relación profunda entre fe y culturas significa que las culturas influyen en la fe cristiana. Si seguimos a Gaudium et Spes y Evangelii Nuntiandi, describimos la cultura como la conciencia colectiva de un grupo humano, constituida "por el conjunto de valores que la animan y de desvalores que la debilitan", así como "las formas a través de las cuales estos se expresan y configuran, es decir, las costumbres... las instituciones y estructuras de convivencia social", entendemos cómo, progresivamente, todos estos factores de una cultura irán afectando la experiencia de la fe cristiana.

Debemos precisar bien de qué manera una cultura afecta la fe de las gentes que la comparten. Ello nos ayuda a entender la influencia del factor cultural en las espiritualidades. Las culturas no afectan, de suyo, a la fe y sus expresiones (espiritualidad) hasta el punto de privarlas de su identidad y autenticidad cristianas. A pesar de la relación profunda que hemos señalado, la fe y la espiritualidad son radicalmente autónomas de cara a cualquier cultura.

Las culturas influyen en la fe y la espiritualidad: a) en las verdades y valores que se acentúan o descuidan; b) en la forma de expresarse (el "lenguaje total") de la fe; c) en la interpretación y simbología de la experiencia cristiana. Expliquemos esto un poco más.

a) Las culturas influyen en la espiritualidad por los temas y valores que acentúan o no. Eso parece evidente. Al coincidir los valores de una determinada cultura con los valores de la espiritualidad, estos valores espirituales se van a reforzar y privilegiar, los cuales van generando un modelo de espiritualidad. Por el contrario, los des-valores (o vacío de valores) en una cultura, pueden debilitar esos valores correlativos de la espiritualidad. Ello se puede dar tanto en la doctrina como en la práctica de la espiritualidad.

Pongamos algunos ejemplos. Ahí donde una cultura valoriza los valores de la solidaridad, la espiritualidad hará lo propio; una cultura que valoriza la ley y los valores de la autoridad, reforzará en la espiritualidad la virtud de la obediencia, y el valor de las prácticas sistemáticas. Una cultura cuyas gentes están habituadas al sufrimiento, entenderá mejor el tema espiritual de la cruz, y las culturas pobres asimilan mejor a Dios como el Dios de los pobres, y el valor de la pobreza. Una cultura que está en crisis, y que pierde sus valores, traerá consigo una crisis de la espiritualidad, etc.

Esta mutua influencia entre fe y cultura (pues también habría que recordar que la fe y la espiritualidad promueve y purifica los valores culturales), es tanto mayor cuanto más arraigada esté la fe católica en las culturas. Es el caso de algunos países europeos, y especialmente de América Latina. En esos casos, así como no se puede prescindir del hecho católico para interpretar esas culturas, también la espiritualidad está fuertemente "culturizada".

b) Las culturas influyen en la espiritualidad porque contribuyen en la forma de expresión de la fe y la espiritualidad. Esto también es manifiesto. Hay culturas de mucha riqueza expresiva y plástica; hay culturas naturalmente "contemplativas", hay culturas afectivas y sentimentales, cuyo discurso es más simbólico que racional. La expresión espiritual, entonces, tendrá las mismas tendencias. Igualmente sucede con las culturas individualistas, o pragmáticas, o poco simbólicas. La espiritualidad de estas gentes será muy diversa de la anterior.

c) Las culturas matizan las interpretaciones de la experiencia cristiana. Es decir, el mensaje cristiano es recibido al modo de cada cultura, lo cual lleva a interpretaciones diversas de la única experiencia y espiritualidad cristiana. La eucaristía, por ejemplo, mantiene una única identidad y valor fundamental en todas las espiritualidades y culturas del cristianismo, pero es "reinterpretada" según el modelo de cada cultura, pudiendo generar un pluralismo de "espiritualidades eucarísticas". En los indígenas de los Andes, dada su cultura religiosa desde lo pre-cristiano, la eucaristía acentuará la espiritualidad del sacrificio y la adoración; en los obreros católicos, en la eucaristía se aprecia más intensamente la espiritualidad de la fraternidad y la justicia (se trata de una cultura donde la solidaridad es predominante); en los militantes sociales la eucaristía pone de manifiesto la liberación que viene de Cristo, etc....

El modelo cultural es entonces uno de los criterios que permiten diferenciar las espiritualidades. Si se habla de espiritualidad campesina, urbana, indígena, o bien latinoamericana, o africana o norteamericana, es debido a que la única espiritualidad cristiana fundamental se arraiga y se expresa en modelos culturales diferentes.

En la configuración de un modelo cultural-espiritual, en fin, es importante no perder de vista la condición económica o la clase social de las gentes. Este factor influye poderosamente en el modelo cultural, y es igualmente un factor común en muchas culturas y espiritualidades. Así, las clases pobres tienen rasgos culturales comunes, y formas religiosas comunes, cualquiera que sea la región donde viven. Esto es lo que fundamenta el que se pueda hablar, por ejemplo, de una religiosidad popular latinoamericana (o mejor "espiritualidad popular"), cuyo factor común son los rasgos culturales comunes, influidos por la también común pobreza y explotación.

Todo lo dicho no nos permite afirmar que una determinada espiritualidad sea simplemente reducible a su modelo cultural, o que la espiritualidad cristiana sea un hecho de interpretación cultural. Lo decisivo de una espiritualidad es siempre la experiencia de la fe. Pero todo lo dicho anteriormente sí puede ayudar a una mejor interpretación (desde nuestro actual punto de vista) de las grandes corrientes o escuelas de espiritualidad que ha habido en la historia.

En la espiritualidad benedictina, franciscana o jesuita, hay que tener en cuenta siempre que su valor fundamental está en una cierta modalidad de vivir la fe y el amor y de seguir a Jesucristo. La riqueza del ministerio de Cristo es tan grande e inabarcable para el espíritu humano, que se hace necesario "especializarse" en ciertos valores de la vida de Cristo, siempre bajo la primacía del amor (la fraternidad, la pobreza, la obediencia, la relación con el Padre, etc....) eso es lo que origina esas diversas escuelas. Pero tampoco se entienden bien esas espiritualidades si se olvida el modelo cultural del tiempo en que nacieron, y que vivieron sus fundadores. Eso ayuda a relativizar y a dar una correcta interpretación cristiana a muchas de sus prácticas y criterios.

Espiritualidad y acontecimiento histórico y social

Los procesos históricos y los acontecimientos sociales en que los cristianos se encuentran envueltos y comprometidos en una determinada época o lugar, es también un factor de espiritualidad. Es una llamada de Dios a ciertas opciones, ciertos valores evangélicos, que van configurando en las comunidades cristianas, fieles a estos desafíos, una forma de espiritualidad.

Los procesos históricos y sociales presentan, a través de períodos diversos, hechos, situaciones, valores o contravalores que el hombre de fe debe captar e interpretar en toda su significación. Se trata a menudo verdaderamente de *signos de los tiempos.* Todo ello es para el cristiano una llamada a descifrar estos valores nuevos que le revela la historia, incorporándolos a su vida. Ello creará en él un estilo y una modalidad de vida cristiana propia a ese proceso histórico, que lo llevará a ser testigo de Cristo muerto y resucitado *hoy* de una manera especial. Hablemos así de espiritualidades para tiempos diversos, adaptados a tal o cual situación histórica. Así la época de las Cruzadas creó una espiritualidad *de cruzada,* el descubrimiento de América una espiritualidad marcadamente misionera, el siglo XIX, en general hostil a la fe, una espiritualidad de adhesión y defensa de la Iglesia. Se puede hablar en todos estos casos de una espiritualidad cristiana adaptada a la época.

Esto no es oportunismo. Se trata de algo inherente a la fe cristiana, que se desarrolla y se encarna en personas, circunstancias y épocas diversas. Se trata de un Evangelio capaz de asumir toda cultura y todo proceso histórico, creando nuevas formas de expresar la fe y el proceso pascual de la vida cristiana. Esto se da en tiempos de estabilidad, de inestabilidad, de paz o de injusticia. Y se da hoy en América Latina, en tiempos de profundos cambios sociales. Por eso podemos establecer la hipótesis de una *espiritualidad cristiana* para tiempos de cambios.

Este es el desafío de la actual generación de cristianos latinoamericanos. Para ellos el cambio social es un hecho, y se comprometen más y más en él.

Las condiciones sociales para este cambio se cumplieron en las últimas décadas. Son de sobra conocidas. Brevemente:

a) Una acelerada urbanización y una creciente industrialización. Un continente tradicionalmente rural entra progresivamente en otro tipo de sociedad.

b) La formación de una clase obrera y un campesinado que se organiza para sus reivindicaciones sociales y que busca su liberación.

c) Una progresiva secularización de las élites sociales, que tiende a proyectarse hacia las culturas populares.

d) Una mayor percepción de que las culturas populares de América Latina, a pesar de su "religiosidad popular", no han sido profundamente penetradas por el Evangelio, con excepción de las áreas rurales de cultura mestiza. En concreto, la emergente cultura obrera (actualmente ya en mayoría en las ciudades) y unos 43 millones de indígenas y 58 millones de raza negra, muchos de los cuales están en situación de "primera evangelización".

e) Una explosión demográfica que a fin de siglo hará que la mitad de los católicos del planeta vivan en América Latina, y cuya proporción aumenta precisamente en las sub-culturas antes mencionadas. Ante este desafío, las Iglesias en América Latina aparecen aún lejos de ser autosuficientes; no han resuelto aún la cuestión de los ministerios, y su impulso misionero a otros continentes es mínimo.

f) Desde el punto de vista social, esta creciente marea de pobres y marginalizados encuentra políticas económicas y sociales incapaces de integrarlos y darles esperanza. La lucha entre las clases dominantes y los oprimidos aumenta año tras año.

Estos cambios profundos de la situación social latinoamericana son una de las causas de las crisis de fe y espiritualidad de muchos cristianos, según lo hemos analizado antes. En la medida que la fe y la espiritualidad han tenido una formación insuficiente, muy ligada a un contexto cultural tradicional, estático, y de religiosidad extra-mundana y "pietista", los cambios y nuevas experiencias sociales difícilmente se integran en la vida de fe, y ésta entra en crisis. La espiritualidad que la nutría quedó atrás. Y en esto consiste precisamente el desafío: en crear una *"nueva" espiritualidad,* en el sentido ya explicado, capaz de asumir y expresarse en momentos de rápido cambio social. Se trata de retomar el mismo Evangelio, sus mismos valores, resituándolos en una nueva constelación, y redescubriendo otros. Eso llevará al cristiano a una *espiritualidad renovada* al formular en una nueva síntesis evangélica sus relaciones con Dios y con los demás.

Espiritualidad y liberación (5)

En América Latina, las tareas que más típicamente identifican la respuesta de los cristianos ante los desafíos históricos y sociales recién examinados, son las tareas de liberación de las injusticias que padecen los pobres (ver Doc. Puebla, 27). Para muchísimos cristianos, su vida cristiana los orienta hacia esas tareas. De ahí la importancia de motivar y de interpretar el compromiso por las liberaciones sociales como una forma de espiritualidad. La historia y los cambios sociales en América Latina nos obligan a buscar la coherencia entre espiritualidad y liberación.

Nos referimos obviamente a la perspectiva cristiana de las liberaciones sociales. Para Pablo VI (E. N. 30 y 31), la liberación es "el esfuerzo y la lucha por superar todo aquello que condena a los pueblos a quedar al margen de la vida: hambre, enfermedades crónicas, analfabetismo, desocupación, injusticias en las relaciones internacionales, en los intercambios comerciales, situaciones de neocolonialismo económico y cultural, a veces tan cruel como el político...". Y agrega que entre liberación y evangelización hay lazos muy fuertes de orden teológico.

Esta última afirmación, que ya la encontramos en la Conferencia de Medellín (sobre todo en Introd. a las *Conclusiones,* 4-6), significa que la liberación no es una noción puramente terrena, sino que tiene una dimensión escatológica y de fe, lo cual permite hablar de una teología de la liberación y de una espiritualidad de la liberación. El documento de Puebla (482-485) va a hacer la síntesis de estas enseñanzas, al recordar las dos dimensiones inseparables de la liberación cristiana: primero, la superación de todas las servidumbres que desgarran al hombre y a la sociedad (cuya fuente es el egoísmo, el pecado personal y social); y segundo, la liberación es el crecimiento progresivo en el ser humano, en la comunión con Dios y con los demás. Ambas dimensiones de la liberación tienen por fuente la liberación radical que Cristo realizó en la Pascua.

La espiritualidad cristiana contiene valores para dar este sentido de fe a las tareas por la justicia y la liberación. Se trata de preguntarle al Evangelio cuál es el sentido para Dios del cambio, del conflicto, de la justicia, de la reconciliación, que marcan estas tareas. El Evangelio, como fuente de espiritualidad, no da métodos ni programas de acción. Nos da en cambio el significado que esto tiene en el plan del Dios salvador, ayudándonos a través de todo eso a salir del egoísmo para hacernos servidores de la verdad y la justicia. El Evangelio nos suministra dos dimensiones esenciales para comprender plenamente las transformaciones y aspiraciones actuales y para legitimar el compromiso liberador del creyente: resurrección y esperanza (liberación) y fraternidad (reconciliación).

Tener una espiritualidad de la liberación significa actuar siempre bajo la exigencia de que la meta final es la fraternidad, la justicia y la reconciliación, y empeñarse en crear actitudes y valores que permitan que ello sea realmente posible. Significa crear un dinamismo en el cual la muerte (los conflictos, la frustración, el fracaso) adquiera sentido en relación a una nueva vida, a un nuevo hombre, y a una nueva sociedad. A una resurrección liberadora y creadora de fraternidad. Esta liberación debe llenar todas las dimensiones del hombre y de la sociedad, y alcanzar a ambos (no ser sólo personal o sólo social). Significa hacer que este dinamismo sea reconciliador. La actitud espiritual del cristiano comprometido en la liberación, aun en los estadios de conflictividad política, es la de empeñarse en que éstos desemboquen en la reconciliación. Esta reconciliación fraternal, será la prueba de que la liberación fue eficaz. De que el cambio socio-político lleva realmente a más vida y libertad.

Me propongo seguidamente señalar algunos valores de la espiritualidad, que me parece que hoy están llamados a crear, en los cristianos entregados a la acción por la justicia, una espiritualidad coherente con su compromiso liberador, y con su llamada al seguimiento de Cristo.

a) La convicción de que los procesos políticos, sociales, por los que atraviesan nuestros países, forman parte de la realización del plan de Dios como Promesa.

La Promesa es tema fundamental en los dos Testamentos: toda la revelación de Dios es una promesa de liberación total, y de algo mejor. Esta promesa se va realizando progresivamente en la historia, (aun preñada de mal y de pecado), y alcanzará su cumplimiento definitivo en la parusía. Ningún momento histórico agota la Promesa. El creyente, por lo tanto, está siempre abierto al porvenir, y la historia para él es un llamado a avanzar de horizonte en horizonte, y de provisorio en provisorio, hacia este porvenir siempre nuevo. Su fe por un lado relativiza los cambios políticos auténticamente liberadores, pero por otro lado los valora en toda su significación, como encarnaciones parciales pero auténticas de la Promesa en marcha. Esta actitud espiritual es crítica de toda situación socio-política que pretenda "idealizarse": radicalmente el cristiano es un insatisfecho, fermento de cambio en una sociedad que se auto-idealiza (Mt. 5, 3-12, y el sermón del monte...).

La Promesa nos mantiene en tensión de cambio porque esperamos el advenimiento definitivo del Reino de Dios. Este Reino, que se anticipa en las liberaciones históricas, es manifestación del poder de Dios que se expresa por la victoria de lo nuevo sobre lo antiguo. De la resurrección sobre la muerte. De la sociedad justa sobre la sociedad injusta. La participación en el Reino de Dios, a que nos invita el seguimiento de Cristo, es también participar en las tareas temporales (también políticas), que lo van anticipando en la historia.

b) Esta espiritualidad se expresa también en la Esperanza, que es la escatología de toda acción liberadora. La esperanza cristiana consiste en creer que lo que actualmente parece difícil o imposible —la liberación total de los oprimidos, la fraternidad reconciliada— será más tarde posible por la fuerza de Dios (Heb 1, 11 ss.; 2 Cor 4, 18: "Nosotros no aspiramos a estas cosas que se ven, sino a las que no se ven...").

Esto da a las tareas temporales del cristiano un impulso y un optimismo incansables, ya que la esperanza es una savia que no sólo se nutre de los medios humanos, sino sobre todo del poder de Cristo.

Esperar es también recoger las señales de los cambios que vienen, disponiéndose positivamente para ellos, y reorientando la existencia en vista de los mismos. La esperanza da al cristiano la certeza de que su trabajo social, político, en vista de la liberación y de la fraternidad, lleva a una meta realizable y no a una pura utopía. Da la capacidad espiritual de superar las frustraciones, los fracasos y los retrocesos, irradiando a los demás el dinamismo de su esperanza, (Rom. 5, 4 ss: "La esperanza no decepciona...").

c) Vivir una espiritualidad de la liberación es vivir la exigencia de incorporarse a la muerte y resurrección de Jesús en las transformaciones de su sociedad. Ver aun en las destrucciones y desgarramientos del mundo social, una experiencia pascual: pasar a una situación mejor a través de la "muerte".

En el fondo es redescubrir la Pascua desde un ángulo secular: el camino espiritual de la muerte y la resurrección no es algo sólo ascético o personal, sino que también cristali-

49

za en los cambios sociales y en las experiencias de acción liberadora de los cristianos. Espiritualidad de la liberación quiere decir descubrir a Dios en una nueva forma, y su "Paso" y presencia entre los hombres en los cambios no sólo interiores, sino también sociales: las liberaciones temporales, son también una experiencia del "Paso" de Dios presente en su pueblo.

d) La meta del hombre y de las sociedades según el Evangelio es la de crear entre nosotros una verdadera Fraternidad. Jesús moriría "para reunir en uno a los hijos de Dios dispersos" por la división, el odio, la explotación y el pecado. La Fraternidad cristiana es la cara histórica del Reino de Dios que ya comenzó. Es el fruto del seguimiento de Cristo, que nos transforma de egoístas en hermanos. Conduce a una comunidad de hermanos, donde nadie domina injustamente sobre otro. Supone la convicción de la paternidad común de Dios, de Jesús como hermano universal y eje de toda fraternidad, de María como Madre de los hombres.

Supone la libertad espiritual que nos hace libremente "siervos de los demás", especialmente de los más pobres y oprimidos. La espiritualidad de la liberación es una espiritualidad fraternal y creadora de fraternidad, y esto debe proyectarse en el compromiso de los cristianos.

Pero el ideal de la fraternidad lleva al cristiano a lo político, con sus dimensiones económicas, culturales, etc.... Pues transformar una sociedad no-fraterna, dividida e injusta, en una sociedad de hermanos, encuentra serios obstáculos. El obstáculo del Poder. Cuando el poder no es participado, o cuando no sirve a los débiles, o mantiene la injusticia, o se sirve a sí mismo y a minorías de privilegio, cuando es abusivo, este poder refuerza una sociedad antifraternal. De cara al ideal de la fraternidad el poder no es neutral: o lo construye o lo destruye. Pero la cuestión del poder es la Política; la Política es la ciencia y la práctica de los niveles de poder. Esto nos lleva a la dimensión política de la espiritualidad de la liberación: si la construcción de la fraternidad es su dimensión esencial, llama a los cristianos, según su vocación, a alguna acción de los niveles de poder, para que estos sean "fraternos".

Lo mismo habría que decir de la economía. La economía es la ciencia de la riqueza, de su producción y distribución. Y la riqueza es otro gran obstáculo de la fraternidad. Divide y confronta, en vez de unir, según el designio de Dios. El dinero y los bienes de la tierra son para compartir, para que lleguen suficientemente a todos, y este compartir es creador de fraternidad. Cuando esto no sucede, cuando pocos tienen mucho y muchos no tienen casi nada, la riqueza es grave obstáculo para seguir a Cristo en su ideal de la fraternidad. Por eso Jesús es severo al hablar de la riqueza, y del rico, como es también severo en cuestionar el poder. El sabía que sus seguidores encontrarían en la cuestión del poder (política), y de la riqueza (economía), un obstáculo.

Desde entonces, seguir a Jesús es trabajar también por una política y una economía más fraternales.

e) ¿Necesitamos insistir que una espiritualidad de la liberación está centrada en la caridad? La caridad es el alma, la motivación decisiva de la fraternidad, personal y social. Más allá del servicio a los indigentes como personas, (pero sin olvidarlos, ya que estos existen en cualquier forma de sociedad), la caridad social (o "política": Pío XII llamó la política una forma eminente de la caridad) es la manera eficaz como el cristiano trabaja por una sociedad que siga a Cristo. Trabajó por suprimir las causas y las condiciones de la pobreza y de la injusticia. Caridad eficaz que lleva a elegir los medios sociales, culturales, económicos y políticos conducentes a la liberación de los pobres: la investigación, la programación, la acción social y política, la denuncia, etc. Todo eso forma parte de una espiritualidad y de una caridad históricamente eficaces. Es también la forma como el seguidor de Cristo da la vida por sus hermanos.

f) La espiritualidad de los cristianos comprometidos en la justicia, requiere integrar estos valores evangélicos mencionados. Como una espiritualidad liberadora que inspira el seguimiento de Cristo en las tareas políticas y sociales. Para iluminar estas tareas y encontrar a Dios en ellas, la espiritualidad liberadora debe ser contemplativa. Todo creyente "liberador" debe tener algo de contemplativo. Contemplativo significa hacer de la experiencia de lo profano y de lo político una experiencia de Dios. Saber ver a Dios en la actividad secular y a menudo "nocturna" de los compromisos temporales. Saber encontrar a Jesús como Señor de la Historia en las ambigüedades de las historias actuales.

La espiritualidad de la liberación es, para el militante cristiano los ojos nuevos, contemplativos, capaces de contemplar la grandeza de un Dios que es más grande que todas las liberaciones temporales, y en cuyas manos vivimos entregados totalmente.

¿Una espiritualidad latinoamericana?

A esta altura de nuestras reflexiones nos podemos preguntar si se puede hablar, y en qué sentido, de una espiritualidad latinoamericana, o propia de América Latina.

La respuesta sería afirmativa si se dieran los hechos siguientes:

—si acaso el cristianismo latinoamericano forma una cultura católica peculiar. (Dado que el modelo cultural es un factor influyente en los modelos de espiritualidad).

—si acaso el cristianismo en América Latina enfrenta desafíos sociales y pastorales de tal envergadura que ha ido obligando a los cristianos a profundizar ciertas exigencias peculiares del mensaje y la espiritualidad cristiana.

—si acaso lo anterior ha ido llevando a una renovación de la Iglesia y de su espiritualidad ("modelo" de Iglesia), y si esta renovación ha sido suficientemente formulada y elaborada por las comunidades cristianas y sus teólogos, e impulsada por el magisterio.

Creemos que la respuesta a estas condiciones es afirmativa, aunque de modo aún incipiente. Podemos ya comenzar a hablar, como inicio de un proceso de maduración, de una espiritualidad propia de las Iglesias de América Latina, no en el sentido de una escuela de espiritualidad, sino en el sentido de una experiencia global compartida.

a) Hoy es reconocido por todos que el catolicismo latinoamericano, tal vez más que en otras Iglesias, tiene rasgos culturales muy propios. Ello está tipificado por su "catolicismo popular", donde fe cristiana y culturas populares se han amalgamado profundamente, integrando el cristianismo ibérico de la primera evangelización, a las formas religiosas indígenas y afroamericanas.

El catolicismo popular, que es la espina dorsal del catolicismo cultural-latinoamericano, se identifica con una espiritualidad coherente con él. Una espiritualidad devocional, de expresiones barrocas y festivas, muy plástica y simbológica, donde se acentúa la pasión y la cruz, la Virgen María. Una espiritualidad hecha de sabiduría de la vida y de actitudes religiosas ante las grandes experiencias humanas. Las características de este catolicismo o espiritualidad popular se han estudiado y divulgado profusamente entre nosotros.

Pero junto a este catolicismo popular está el catolicismo de las clases medias, de las élites y dirigentes católicos. Este está marcado también por su origen ibérico, pero se mantuvo siempre bajo la influencia europea (sobre todo latina), de modo que esos segmentos de la cultura latinoamericana no han generado un "modelo" cultural de cristianismo, o una espiritualidad peculiarmente latinoamericana. La desintegración cultural de América Latina, y la distancia (y dicotomía) entre el catolicismo de sus élites y su catolicismo popular, ha dificultado, hasta ahora, la expresión y formulación coherente de una teología y de una espiritualidad arraigados en lo básicamente común de la cultura latinoamericana.

Decíamos más arriba que esto va cambiando, y que estaríamos al inicio de un proceso de integración espiritual, en la medida que las "élites" han ido asumiendo e interpretando su fe a partir del pueblo de los pobres, e igualmente los teólogos y el magisterio. Este encuentro entre élites cristianas y pueblo cristiano, acelerado en Medellín y Puebla (la opción preferencial por los pobres, su cultura y religiosidad) es lo que va configurando una espiritualidad latinoamericana. Sobre esto volveremos en seguida.

b) Los desafíos pastorales y sociales del cristianismo en América Latina son también peculiares y englobantes, hasta el punto de exigir cambios renovadores en la Iglesia y en la espiritualidad de los cristianos. Estos desafíos se pueden tipificar en una actividad misionera dirigida particularmente hacia los pobres, la justicia y una liberación cristiana de los marginados y oprimidos. Como hemos analizado más atrás ("Espiritualidad y liberación") esto contribuye con matices interesantes para una espiritualidad desde la experiencia latinoamericana. Ello es también un lugar de encuentro entre la experiencia cristiana de los pobres y de las "élites".

c) Se puede por lo tanto determinar los rasgos de una espiritualidad latinoamericana naciente. Esta ya ha sido teológicamente formulada, aunque en forma fragmentaria, por autores recientes y por el mismo magisterio (7).

No creo, sin embargo, que se deba hablar de una espiritualidad desde América Latina como una "escuela" de espiritualidad, homogénea y sistematizada. Pues por de pronto, al interior de la Iglesia latinoamericana subsisten muchas escuelas de espiritualidad. Las ya tradicionales (franciscana, carmelitana, foucoliana, etc.), además de aquellas que nutren las asociaciones de laicos (espiritualidad familiar, de la renovación en el Espíritu Santo, de justicia y paz, etc.). En medio de esto, las exigencias y valores que hemos señalado como configurantes de una espiritualidad desde América Latina, no es una escuela más, sino más bien un matiz, un rumbo general que está llamado a impregnar las espiritualidades existentes. Sin destruirlas, pero dándoles más arraigo en las líneas y opciones de la misión de la Iglesia.

Necesitamos una espiritualidad franciscana, o de la renovación en el Espíritu "latinoamericanas", y creemos que este matiz global es lo propio de la búsqueda de una espiritualidad desde América Latina.

Resumamos lo dicho hasta ahora de la siguiente manera:

La espiritualidad (en términos generales) es el encuentro del Espíritu con el pueblo cristiano (un pueblo preciso, con sus aspiraciones, luchas, cultura, opciones cristianas y misioneras). Este encuentro se realiza en la Comunidad de la Iglesia, y genera una mística.

La espiritualidad latinoamericana emerge —de manera significativa— en los lugares de la Iglesia latinoamericana donde se verifica mejor este encuentro. En el discernimiento de estos lugares coinciden tanto las orientaciones oficiales de la Iglesia como la práctica del compromiso y de la vida cristiana en las bases. De ahí que la espiritualidad latinoamericana está profundamente arraigada en la cultura de los pobres, que es también una cultura cristiana. En los grupos, movimientos apostólicos y comunidades cristianas, donde el Espíritu se manifiesta en los valores de la cultura y religiosidad popular y en las aspiraciones y dinamismos de su liberación.

Esta espiritualidad es católica. Por eso no está circunscrita al lugar sociológico de los pobres. También es propia de todos los sectores cristianos que van escuchando la invitación de la Iglesia a "optar preferentemente por los pobres y a hacer de su causa, la causa de Jesús y causa propia" (Documento Puebla 1140). Se establece así una corriente de mutuo enriquecimiento entre la Iglesia y sus evangelizadores que se sitúan en el lugar de los pobres y los cristianos pobres que a su vez evangelizan a la Iglesia (Documento Puebla 1147). Se va creando así una simbiosis entre la espiritualidad elaborada y vivida por los evangelizadores del pueblo, y los valores espirituales de los pobres (valores que solemos llamar catolicismo popular, o mejor "espiritualidad popular"). La espiritualidad latinoamericana es el resultado de este proceso de simbiosis en el Espíritu, bajo la guía de la Iglesia.

Esta espiritualidad —como toda renovación creadora— es a la vez un retorno a las fuentes del evangelio, y una experiencia histórico-cultural del pueblo cristiano. Se va configurando lenta, pero nítidamente, a través de toda América Latina.

Un primer acento de la renovación espiritual en el pueblo latinoamericano es la revaloración del Jesús histórico. El segundo acento es el sentido del pobre. Ambos temas se incluyen mutuamente. El Jesús de los evangelios es inseparable del sentido evangélico del pobre, y este último sólo se entiende a partir de la enseñanza y de la práctica de Jesús. En ambos casos, la elaboración teológico-espiritual de los evangelizadores y la experiencia del Dios de los pobres, se van enriqueciendo mutuamente.

Primer acento: el Jesús histórico y María en su seguimiento a Jesús

El primer acento generador de la espiritualidad latinoamericana, es la humanidad de Jesús, Jesús del evangelio, hoy presente prioritariamente en la Iglesia, como fuente de vida y lugar privilegiado de aprendizaje del seguimiento.

Este acento tiene varias explicaciones. Por de pronto la re-valorización de la humanidad de Jesús es una constante en los grandes momentos de renovación de la espiritualidad católica.

Por otra parte, ello ha sido posible ahora por el creciente contacto del pueblo con los evangelios, sobre todo en las comunidades cristianas. Ello ha ido corrigiendo las insuficiencias del Cristo de la religiosidad popular, a menudo distante y deshumanizado (donde se acentúa unilateralmente la divinidad), con las válidas excepciones del Jesús de la navidad y de la pasión.

En fin, el pueblo creyente latinoamericano ha ido percibiendo las semejanzas y analogías del contexto histórico social en que Jesús realizó su misión, de las condiciones, desafíos y conflictos que marcaron su compromiso, con el contexto histórico-social de América Latina, con las tareas de los cristianos, y con su experiencia espiritual. Esto hace al Jesús histórico cercano y vital tanto para la Iglesia misionera como para el pueblo creyente. Así, la humanidad de Jesús, lugar privilegiado del Espíritu, une el compromiso con la realidad histórico social de América Latina, con la experiencia cristiana de los creyentes.

La espiritualidad latinoamericana recupera la dimensión esencial del cristianismo como seguimiento de Jesús histórico por el impulso del Espíritu (Documento Puebla 180). Y lo mismo que se advierte en nuestra espiritualidad con relación a Jesús, se advierte progresivamente con relación a María. En ella se va revalorizando su condición histórica a partir de los evangelios, su fidelidad en el seguimiento de Jesús que la constituye el modelo de vida cristiana. Los privilegios y la exaltación de María, siempre importantes en la espiritualidad, se "humanizan" cuando se visualizan a partir de la realidad de María de Nazaret, de la manera histórica como ella vivió su plenitud de gracia en la humillación, la opacidad de la vida ordinaria, la fe, el sufrimiento, la solidaridad con los pobres y afligidos de su tiempo (Lc. 1, 46-55).

Este primer acento de nuestra espiritualidad ha sido recogido por el magisterio de Puebla, v.gr. el seguimiento de Jesús (178-181, 192-193, 279, 1008), el valor inspirador de la vida de Jesús en la realidad de los cristianos latinoamericanos (173-176-181), así como también en la evangelización (190-195, 278) etc…. Igualmente en lo que se refiere a la Virgen María (282, 285, 292-293, 296-297, 302).

Segundo acento: la experiencia del pobre

El segundo acento preferencial de donde emerge la espiritualidad latinoamericana es el pobre, con el sentido cristiano que conlleva. En la experiencia de los cristianos, el pobre es captado primeramente como un hecho histórico social que marca profundamente y masivamente la realidad latinoamericana. El pobre y la pobreza de nuestro continente es el lugar de la injusticia de la explotación, del pecado social, que desafían la conciencia de los cristianos y la misión de la Iglesia.

En un segundo momento, la fe descubre en el pobre, más profundamente, un "lugar" bíblico. El desafío del pobre, el compromiso con el pobre tienen que ver con la esencia del cristianismo, con la evangelización y con el Reino del Dios de Jesús. El Dios bíblico es el Dios de los pobres, su Reino hace causa común con su clamor de liberación. Ella se va a revelar plenamente en Jesús, que los constituye en los primeros destinatarios de su evangelio (Lc. 6, 20 ss; Lc. 4, 16 ss; Lc. 7, 22 ss), y se identifica con ellos de manera privilegiada (Mt. 25, 40). El pobre y la cristología desde América Latina están indisolublemente unidos.

Esta experiencia, al mismo tiempo sociológica y bíblica, ha ido conduciendo a la misión a arraigarse en el mundo de los pobres, para crecer en credibilidad y autenticidad. Los evangelizadores y los teólogos hacen del pobre una "experiencia", entran en simbiosis con su mundo, su liberación y su espiritualidad (religiosidad). Esta experiencia es una experiencia espiritual, donde hay un mutuo enriquecimiento. Esta experiencia lleva a conocer y seguir mejor al Jesús histórico (redescubierto en el rostro del pobre); es por lo tanto una experiencia liberadora.

El pobre como "lugar" de espiritualidad también es desarrollado por el magisterio en Puebla (V. gr. 1145); el pobre como lugar privilegiado del seguimiento de Cristo; igualmente el pobre como camino de la pobreza evangélica (1148-1152).

Estos parecen ser, hasta ahora, los acentos más englobantes y significativos que matizan la espiritualidad desde América Latina. Estos matices o acentos, según lo hemos indicado, no crean una escuela sistemática de espiritualidad, sino que están llamados a impregnar los valores básicos y la identidad católica de toda espiritualidad (la caridad, la oración, la pobreza, las devociones y práctica sacramental, etc.) —necesariamente presentes en la espiritualidad latinoamericana de hoy—. Del mismo modo deberían impregnar las diferentes corrientes y escuelas espirituales en nuestra Iglesia, muy especialmente las surgidas a raíz de la renovación teológica y pastoral en las últimas décadas —de entre las cuales hemos tipificado más atrás la espiritualidad propia de las tareas de liberación cristiana.

NOTAS AL CAPITULO I

1. GALILEA S., *Renovación y espiritualidad,* Indoamerican Press, Bogotá, 1981. Este apartado reproduce el c. 3.
2. Idem, Cfr. c. 4.
3. Sobre este tema, con perspectiva latinoamericana: MARINS J. *Modelos de Iglesia,* Ed. Paulinas, Bogotá 1976. En una perspectiva teológica: DULLES A., *Modelos de Iglesia.*
4. *Gaudium et Spes* (54-23); Ad Gentes (6, 19, 22); Documento de Puebla (408-443); TEOLOGOS-CLAR, *Cultura, Evangelización y Vida Religiosa,* Ed. CLAR, Bogotá 1981.
5. VARIOS, *Espiritualidad de la liberación,* en rev. *Christus* (México), Diciembre 1979 - Enero 1980. VARIOS, *Espiritualidad y Liberación,* Ed. CEP, Lima 1980.
6. Sobre el catolicismo popular como espiritualidad: *Documento de Puebla* (444-469). GALILEA S., *Religiosidad popular y pastoral,* Ed. Cristiandad, Madrid 1979; SELADOC, *Religiosidad popular,* Sígueme, Salamanca 1976.
7. Respecto al magisterio de Puebla: ALESSANDRI H., *El futuro de Puebla,* Ed. Paulinas, Buenos Aires 1980; GALILEA S., *El Mensaje de Puebla,* Ed. Paulinas, Bogotá 1979; VARIOS, *Espiritualidad Latinoamericana,* en rev. *Christus* (México), Septiembre 1981.

II
La identidad de la espiritualidad cristiana

1. LA BUSQUEDA DE DIOS QUE NOS AMO PRIMERO

Debemos adentrarnos ahora en precisar aquellas características, aquellos componentes que hacen que la espiritualidad sea "cristiana". Aquello que marca su propia identidad, y que al mismo tiempo la diferencia de otras "espiritualidades" y religiones.

Al abordar esta cuestión, percibimos que la espiritualidad cristiana no puede identificarse por un solo factor o componente. Que sus componentes radicales y esenciales son varios, pero que al mismo tiempo son inseparables, y que están implicados entre sí. (Nos referimos a aquellos componentes que están en la raíz, y que a su vez generan otras características y exigencias, como lo mostraremos más adelante).

El factor esencial global de la espiritualidad cristiana, es que esta es trinitaria. La espiritualidad es una relación personal con Dios Padre, con Jesucristo y con el Espíritu Santo. Esto marca sus características más radicales.

En primer lugar, la espiritualidad tiene que ver con Dios, y nos relaciona con Dios. Dios mismo es el centro y la única referencia absoluta de la experiencia cristiana. Un Dios que nos amó primero, que por este amor nos creó, nos redimió y liberó de todos los males y servidumbres, y que por la práctica de su amor se reveló y revela a cada pueblo e individuo. Un Dios que por amor nos quiere comunicar su vida, para que seamos realmente sus hijos y participemos de su felicidad, hasta la eternidad.

Toda espiritualidad arranca de este hecho fundamental. En nuestra relación personal con él, Dios Padre tomó la iniciativa, nos amó primero. Dios nos busca. Nuestra propia conversión y camino cristiano, nuestra propia búsqueda de Dios en la fe, es porque Dios nos busca, quiere entrar en comunión con nosotros, quiere nuestro crecimiento, quiere que el hombre sea más que el hombre.

Si la espiritualidad cristiana es antes que nada una iniciativa y un don de Dios que nos amó y nos busca, la espiritualidad es también nuestro reconocimiento y nuestra respuesta, con todo lo que esto conlleva, a este amor de Dios que nos quiere humanizar y santificar. El camino de la espiritualidad es el proceso, real pero siempre inacabado, por el cual nos identificamos con este proyecto de Dios sobre la creación. Siendo este proyecto de Dios el Reino de Dios y su justicia (santidad), la espiritualidad es la identificación con la voluntad de Dios por traer este Reino a nosotros y a los demás.

Por eso para los autores clásicos de la espiritualidad, el inicio de ésta está en el deseo. En el deseo de buscar a Dios —o mejor, de dejarnos encontrar por El— realizando el Reino.

Ahora bien, en la condición humana tal cual es, de suyo somos impotentes ante Dios que nos llama. Somos impotentes aun para desear a Dios, para reconocer su llamada y para buscarlo. "No me buscarías si Yo no te hubiera ya encontrado". Pero Dios mismo nos arranca de nuestra ceguera e impotencia comunicándonos el don de la fe. La fe es el hilo conductor que nos permite buscar y responder a Dios. La fe es la experiencia de nuestra relación con Dios. La fe es la experiencia más original y fundamental de la espiritualidad cristiana. Y hablamos de que la fe es una experiencia porque se trata de la fe en su sentido más pleno; aquella fe que es inseparable de la esperanza y el amor. La experiencia de la fe es igualmente la de la esperanza y el amor, que son los dones (las virtudes teologales) que Dios nos da para que la fe sea viva y operante —es decir—, para que sea una experiencia espiritual.

La experiencia de la fe

Por la experiencia de la fe reconocemos a Dios, su iniciativa de amor para con nosotros, y el camino de nuestra respuesta. Esta fe, hecha experiencia en la esperanza y el amor que genera, decíamos que es el único camino posible de la espiritualidad cristiana. El camino y la búsqueda de Dios es el camino de la fe, y por la experiencia de la fe, este camino y esta búsqueda es el encuentro de Dios. Por la fe, a Dios se le encuentra en la medida que se le busca. Y además, como recordábamos más atrás, (cap. I, 2), la crisis de la fe es también la crisis de la espiritualidad.

En una reflexión sobre este tema, no pretendemos hacer un estudio sistemático sobre la fe, sino tan sólo recordar el valor básico de la experiencia de la fe en la espiritualidad, y al mismo tiempo cuestionarnos sobre el lugar que ocupa la fe en nuestra vida.

Para Jesús mismo, la fe era el valor decisivo del discipulado. Cualquier lectura somera de los evangelios revela la reiterada exigencia del Señor en materia de fe (Mt. 8, 10; 8, 26; 9, 2; 9, 22; 9, 29; 15, 31; 15, 28; 16, 8; 16, 17; 17, 20; 21, 21; Mc. 2, 5; 4, 40; 5, 34; 6, 6; 9, 23; 10, 55; 11, 22; 16, 14. 16; Lc. 5, 20; 7, 9; 7, 50; 8, 25, 48. 50; 12, 28; 17, 6; 18, 8. 42; Jn. 2, 11;

63

3, 15. 36; 4, 42; 4, 50, 53; 5, 24; 6, 29. 36. 40. 47; 8, 12; 9, 35-39; 11, 26. 40; 12, 44; 14, 12. 29; 16, 31; 20, 29...).

Igualmente, para Jesús la verdadera fe es escasa:

"Porque en verdad os digo que si tuviérais fe como un grano de mostaza, diríais a este monte: ve de aquí allá, y se iría. Y nada os sería imposible"... "Pero cuando venga el hijo del Hombre ¿Creeréis que hallará fe sobre la tierra?" (Mt. 17, 20; Lc. 18, 8).

Por de pronto, nos hemos dado cuenta, más que en otras épocas, que no es fácil creer. No es fácil para nosotros los creyentes y es más difícil aún para los no creyentes. La experiencia del mundo de hoy pone duramente a prueba la fe. La injusticia generalizada de mil maneras. La miseria en que vive la mayor parte de la humanidad. La violencia creciente; las crisis sin salida. La situación de millones de hermanos nuestros, que viven en situación subhumana, y cuyo único destino es nacer, trabajar para sobrevivir y morir. En un mundo así, no es fácil tener fe; creer en un Dios personal, que dirige la historia con amor. Nos llegamos a preguntar con angustia para qué sirve la fe, en esta situación. ¿Qué diferencia hace tener o no tener fe?

En el fondo, nos asusta, y desconcierta el silencio de Dios. Igual que el salmista sumido en la prueba, quisiéramos que Dios viniera en nuestro auxilio, más visiblemente. Quisiéramos que Dios diera pruebas de su existencia y de su poder, que interviniera en la historia espectacularmente. Tenemos miedo al silencio de Dios.

Y sin embargo, este aparente silencio es el fundamento de nuestra fe. A través de toda la Historia de salvación, Dios siempre actuó así, dando espacio al riesgo y a la opción de la fe. Estamos llamados a descubrir su presencia en el corazón de esta realidad, a partir de la Palabra de Jesús y no de una evidencia directa. Para el que aceptó que Dios se encarnara en la historia, para el que aceptó un Dios crucificado, que en su abandono y muerte transforma la servidumbre, la miseria y la injusticia en medios de liberación, todo se ilumina. Porque esta aceptación es precisamente la convicción de la fe, que cada día sufre la prueba del silencio de Dios en un mundo crucificado.

Comprendemos así lo que tal vez antes nunca tomamos en serio: que la fe es una gracia, un don de Dios, frágil y sometido siempre a la posibilidad de perderse.

Debemos preguntarnos seriamente hasta dónde tenemos esa fe. La fe que Jesús alaba y propone en el Evangelio a sus seguidores.

Se trata de preguntarnos con lealtad, si realmente Dios es para nosotros una realidad personal y no una idea. Si en lo concreto de cada día actuamos, planeamos, decidimos, reaccionamos, como si Dios realmente estuviera presente en nuestra vida. Si como apóstoles no nos hemos quedado en los medios de acción, en la preparación y organización de las cosas que hacemos para Dios, y nos hemos olvidado de Dios mismo. Si buscamos a Dios por sobre todas las cosas; por sobre nuestro trabajo, por sobre las instituciones y organizaciones eclesiásticas, por sobre nuestro apostolado y por sobre nuestra vocación. En fin, si hemos elegido a Cristo, si hemos pasado por la elección crucial del creyente, entre el Evangelio y el mundo...

La necesidad de cuestionar nuestra fe ha quedado más patente todavía por las actuales necesidades de la evangelización. En el apostolado, el testimonio de la fe personal del apóstol es hoy más necesario que nunca. A menudo es lo único indiscutible. Las actuales generaciones son escépticas ante las doctrinas y las palabras. Creen en los hechos. Y el testimonio de la fe es un hecho. Está ahí. Cuestiona. Podemos discutir largamente sobre la pobreza o la oración, y probablemente no convenzamos a nadie. Pero el hecho de un cristiano libremente pobre o en oración no se puede ignorar. En *muchos ambientes, la única cisura por la que puede penetrar la luz del cristianismo, es tan sólo la vida evangélica de un hombre de fe.*

Lo que las nuevas generaciones piden hoy a los cristianos es que den cuenta de su vivencia personal de fe.

El rostro misericordioso de Dios (1)

Por la experiencia de la fe podemos renocer y entrar en comunión con el Dios que nos amó primero. En el largo proceso de la fe vamos reconociendo al verdadero Dios, vamos purificando nuestra imagen de El, vamos experimentando al Dios único e inmanipulable, al Dios cristiano, al Dios Padre de Jesucristo. El conocimiento y la experiencia del verdadero rostro de Dios es la primera exigencia que identifica la espiritualidad cristiana.

No pensemos que a priori un católico cree y ora al Dios cristiano: siempre hay ambigüedades e "idolatrías" sutiles en el Dios que adora y sigue. El conocimiento y conversión al Dios del evangelio es una tarea para toda la vida, y para todos. La espiritualidad es la conversión progresiva al Dios de Jesús.

¿O creemos que la imagen que tiene de Dios un campesino de las sierras andinas es la misma imagen que tiene un católico de la alta clase media urbana? ¿O que en una comunidad religiosa en Nueva York se reza al mismo Dios que en una comunidad indígena de Guatemala? Es verdad que para unos y otros se trata básicamente del Dios cristiano, pero igualmente es verdad que ese Dios necesita en estos casos ser "purificado", "evangelizado". Los patrones culturales, la condición social (riqueza, miseria, inseguridad, bienestar), la historia personal o de los pueblos, aún el temperamento individual o colectivo, condicionan, hasta deformar a veces, la imagen auténtica del Dios de Jesús. Los grupos sociales, las culturas, se creen "ídolos", diferentes

66

según los casos, y los ídolos se mezclan con el único Dios verdadero, oscureciéndolo.

Todo itinerario espiritual, tal como lo apreciamos sobre todo en los santos, es una maduración en la idea viva de Dios. Es que el Dios de los cristianos se revela progresivamente, en la medida de la fidelidad y crecimiento contemplativo de un creyente ["nadie sabe quién es el Padre, sino el Hijo, y aquel a quien el Hijo quiera dárselo a conocer" (Lc. 10, 22)]. El Dios bíblico no es el Dios de la teodicea o de la pura racionalidad: es un Dios que hay que encontrarlo, que hay que recibirlo como un don y una revelación. Es un Dios diferente...

El Dios cristiano no es propiamente el Dios de los filósofos, de la lógica y de los teístas. Sólo creer en Dios no hace un cristiano. Un cristiano es alguien que ha descubierto al Dios bíblico. Al Dios de Abraham, de Moisés, de los Profetas, que se reveló en plenitud en el Dios de Jesús. A través de la Historia de la Salvación, hay una progresiva revelación del rostro del único y verdadero Dios. El camino de la espiritualidad, hoy y siempre, es conducir a individuos y culturas a través de esa revelación progresiva, aunque en contextos y experiencias diferentes.

En la experiencia abrahámica, Dios se revela como un Dios histórico, que interviene en la vida de los hombres para comprometerse con ellos y para formar con ellos un pueblo. "Sal de tu tierra (...) para la tierra que yo te indicaré. Yo te haré un gran pueblo. Te bendeciré y engrandeceré tu nombre"... (Gen. 12, 1 ss.). El Dios de la Biblia es el Dios del compromiso, de la Alianza, de la promesa. "Yo haré contigo mi alianza y te multiplicaré muy grandemente (...) He aquí mi pacto contigo: serás padre de una muchedumbre de pueblos (...) Yo establezco contigo y con tu descendencia después de ti por sus generaciones mi pacto eterno de ser tu Dios (...) Tú por tu parte guarda mi pacto"... (Gen. 17, 1 ss.). Es un Dios en el cual el hombre ha de poner su esperanza contra toda esperanza, ha de confiar, ha de creer absolutamente, ha de serle fiel. "Por la fe, Abraham al ser llamado obedeció y salió hacia la tierra que había de recibir en herencia, pero sin saber a dónde iba. Por la fe ofreció Abraham a Isaac cuando fue puesto a prueba y ofreció su unigénito, el que había recibido las promesas" (Heb. 11, 8. 17).

Este Dios absoluto, fiel a sus promesas pero sediento de la fe y de la confianza de los hombres, se revela a Moisés en una nueva faceta. La experiencia religiosa de Moisés lo había llevado ya a la contemplación del Dios de sus padres, santo y totalmente Otro, pero protagonista en la historia de su pueblo. "Y le llamó de en medio de la zarza (...) No te acerques. Quita las sandalias de tus pies, que el lugar en que estás es tierra santa. Yo soy el Dios de tus padres..." (Ex. 3, 4 ss.).

Pero, tal vez ante su sorpresa, descubrió que su Dios era también un Dios de justicia, un Dios preocupado por el sufrimiento y la opresión de su pueblo, un Dios liberador. "He visto la aflicción de mi pueblo en Egipto y he oído sus clamores a causa de sus capataces, pues conozco sus angustias. Y he bajado para librarle de manos de los egipcios..." (Ex. 3, 7 ss.). El Dios cristiano es liberador de los oprimidos. Es un Dios esperanza de los pobres.

La experiencia de los profetas es la de percibir que este Dios está siempre en peligro de ser reemplazado por los ídolos, siempre nuevos, que se hace el hombre. Idolos religiosos, políticos; ídolos del corazón y del orgullo humano... Los profetas, sin excepción, no hacen otra cosa que anunciar al verdadero Dios y traerlo a la memoria de un pueblo prevaricador y denunciar todas las idolatrías que lo deforman. Los profetas son los grandes purificadores de la idea de Dios. Su Dios, el Dios bíblico, es un Dios celoso. Celoso del pecado, de todo mal y de toda idolatría. Un Dios al cual hay que convertirse.

En esta conversión, los profetas nos revelan otro rasgo sorprendente del rostro de Dios de la Biblia: convertirse a El es convertirse al hermano. Es practicar la caridad, la justicia y la misericordia. (Vgr. Is. 58, 1 ss.). "Romper las ataduras de iniquidad, deshacer los haces opresores, dejar libre a los oprimidos, y quebrantar todo yugo; partir tu pan con el hambriento, albergar al pobre sin abrigo, vestir al desnudo y no volver tu rostro ante tu hermano (...). Entonces llamarás y Yavé te oirá...".

El último Profeta, Juan Bautista, nos revela como central lo que los anteriores ya habían adelantado: que no se puede ir al verdadero Dios, ni siquiera comprenderlo, sin cambiar la vida y el corazón. El Dios cristiano es un Dios que ha de ser encontrado. Que se encuentra en la medida que se le busca. Que se le busca en la conversión y el éxodo de los dioses que lo reemplazan en la vida de los hombres. Y que convertirse a El y convertirse al hermano son la misma cosa (Lc. 3, 10 ss.).

En Jesús el Dios cristiano se nos muestra en su definitiva plenitud y pureza. "Apareció la benignidad y la humanidad de Dios nuestro salvador" (Tit. 2, 11), Jesús recapitula todos los rasgos del Dios bíblico desde Abraham hasta los profetas. Jesús hace a Dios asequible y experimentable al hombre: en Jesús, Dios toma cualidades humanas. El Dios histórico se hace historia; el Dios de los pobres se hace pobre; el Dios de la justicia es víctima de la injusticia; el Dios de la promesa da su vida para cumplirla; el Dios de la esperanza nos da para siempre seguridad (Jn. 1, 18).

Jesús nos revela la esencia del Dios cristiano en su relación con nosotros: ser puro amor y misericordia, activa, dinámica, sin límites.

Porque es amor se compromete con un pueblo. Porque es amor es fiel a sus promesas. Porque es amor es justicia y liberación de los pobres; esperanza y refugio de los pecadores. Porque es amor es celoso de los ídolos que deforman su amor y con ello deforman al hombre. Porque es amor es solidario con la historia humana, hasta el sacrificio de la cruz. La cruz y el sufrimiento de Cristo significan que el Dios cristiano ama hasta sufrir, (que es la prueba del verdadero amor) y que su amor no es el de un Dios inmutable y distante. Al contrario del Dios de la razón y de la teodicea, y de las imágenes paganizadas o deformadas de Dios, el Dios cristiano se ha hecho vulnerable por amor. Se ha hecho verdaderamente Padre de cada hombre. Nos ha hecho sus hijos. Ha llegado hasta identificarse con los más desgraciados de ellos (Mt. 25, 40).

Purificar por la experiencia de la fe nuestra idea de Dios es identificarlo con este amor real, histórico, exigente. Sacar todas sus consecuencias en la espiritualidad, en la pastoral, en la Iglesia, sacramento del Dios amor. El es la única medida para apreciar cualquier espiritualidad. Cualquier institucionalidad, cualquier empresa misionera: es el centro del mensaje cristiano.

La cuestión central de la espiritualidad en el mundo contemporáneo es que la Iglesia de Dios y sus cristianos puedan comunicar al mundo el verdadero Dios de Jesús. Sólo este Dios es creíble, deseable y capaz de perforar el muro de los ídolos y de la indiferencia. Lo cual nos llevará siempre a la exigencia de que los cristianos se conviertan permanentemente al Dios de Jesús.

2. EL SEGUIMIENTO DE JESUCRISTO (2)

Si Dios se nos ha revelado única y plenamente en Jesucristo (Heb. 1, 1-3), entonces no hay modo de buscar y encontrar a Dios sino conociendo y siguiendo a Jesucristo. Pues a Jesucristo se le conce en la medida que se le imita y sigue (Jn. 14, 5-11). Por eso el seguimiento de Cristo es la dimensión más fundamental y original que identifica la espiritualidad cristiana.

La originalidad y la autenticidad de la espiritualidad cristiana consiste en que seguimos a un Dios que asumió la condición humana. Que tuvo una historia como la nuestra; que vivió nuestras experiencias; que hizo opciones; que se entregó a una causa por la cual sufrió, tuvo éxitos, alegrías y fracasos; por la cual entregó su vida. Ese hombre, Jesús de Nazaret, igual a nosotros menos en el pecado, en el cual habitaba la plenitud de Dios, es el modelo único de nuestra vida humana y cristiana.

Por eso, el punto de arranque de nuestra espiritualidad cristiana es el encuentro con la humanidad de Jesús. Eso le da a la espiritualidad cristiana todo su realismo. Al hacer de Jesús histórico el modelo de nuestro seguimiento, la espiritualidad católica nos arranca de las ilusiones del "espiritualismo", de un cristianismo "idealista", de valores abstractos y ajenos a experiencias y exigencias históricas. Nos arranca de la tentación de adaptar a Jesús a nuestra imagen, a nuestras ideologías y nuestros intereses.

Nuestra espiritualidad tiene que recuperar al Cristo histórico. Esta dimensión a menudo ha quedado ensombrecida en nuestra tradición latinoamericana. Esta tiene una tendencia a deshumanizar a Jesucristo; a asegurar su divinidad sin poner de relieve suficientemente su humanidad, con todas sus consecuencias. Jesús "poder", extraordinario, milagroso, puramente divino, oscurece al Jesús como modelo histórico de seguimiento, para hacernos plenamente hombres e hijos de Dios.

Jesús de Nazaret es el único camino que tenemos para conocer a Dios, sus palabras, sus hechos, sus ideales y sus exigencias. En Jesús se nos revela el Dios verdadero: poderoso, pero también pobre y sufriente por amor; Absoluto, pero también protagonista de una historia humana, y cercano a cada persona.

Sólo en Jesús histórico conocemos realmente los valores de nuestra vida cristiana. Existe el peligro de formular estos valores a partir de ideas y definiciones: "la oración es esto... la pobreza consiste en esto otro... el amor fraterno tiene tales características...". Pero así como no sabemos quién es Dios si no lo descubrimos a través de Jesús, tampoco sabemos realmente lo que es la oración, la pobreza, la fraternidad o el celibato, sino a través de la manera como Jesús realizó estos valores. Jesús no es sólo un modelo de vida; es la raíz de los valores de la vida.

Así, todo seguimiento de Jesús comienza por el conocimiento de su humanidad, de los rasgos de su personalidad y de su actuar, que constituyen de suyo las exigencias de nuestra vida cristiana, y también humana.

Pues Jesús no nos enseña sólo a vivir como cristianos y en comunión con Dios Padre. También nos enseña a vivir como seres humanos. Jesús no es sólo el sacramento de Dios; es también el ideal del hombre. Es la raíz del auténtico humanismo. Jesús nos enseña a amar, a trabajar, a sufrir, a entregarnos a un propósito, a tener esperanza, y también a morir, como verdaderos seres humanos. La espiritualidad cristiana es igualmente espiritualidad humana; es la cumbre del humanismo.

Hablamos ahora de "seguimiento de Cristo" más que de "imitación de Cristo". Ambas expresiones son legítimas en la tradición cristiana, y han servido para sintetizar el camino de la espiritualidad. Pero preferimos actualmente "seguimiento" a "imitación", porque, "seguimiento" nos parece más dinámico, como una tarea inacabada a través del camino de la vida. Pues se trata no tanto de imitar a Jesús literalmente: no todo lo que Jesús vivió en su tiempo lo podemos reproducir nosotros, ni estamos llamados a copiarlo en todas las contingencias de su vida. Se trata más bien de identificarnos con sus actitudes, con su espíritu, con sus valores, que Jesús encarnó en las circunstancias de su tiempo, y que ahora nosotros debemos encarnar (seguirlo) en las circunstancias de nuestra propia historia.

Cristo conocido y encontrado con fe y amor, es el alma del seguimiento. A Cristo se le sigue en la medida que profundizamos su conocimiento motivados por la fe, y queremos ser como él, llevados por el amor. Su seguimiento es mucho más que el estudio cristológico y bíblico: es un encuentro en la fe y en el amor propios de la sabiduría del Espíritu y de la contemplación cristiana. Se trata de conocer al Señor que seguimos "contemplativamente", con todo nuestro ser, particularmente con el corazón. Como un discípulo y no como estudioso. Como un seguidor y no como un investigador. Aquí vemos otra vez lo original de la espiritualidad cristiana: no conocemos a Jesús sino en la medida en que buscamos seguirlo. El rostro del Señor se nos revela en la experiencia de su seguimiento. Por eso la cristología católica es una cristología contemplativa que lleva a la praxis de la imitación de Jesús.

Ahora bien, no pensemos que es fácil este conocimiento contemplativo e imitativo de Jesús. Va más allá del análisis y de la razón. San Pablo nos habla de una "sabiduría escondida venida de Dios" (1 Cor. 1, 30; Ef. 1, 9), y nos habla también que le fue revelado el conocimiento del Señor (Gal. 1, 16) de cara al cual tuvo todo lo demás por pérdida (Flp. 3, 8). La revelación de Cristo en nosotros, la cristología contemplativa de que hablamos, es don del Padre. Requiere en nosotros, para ser recibida como sabiduría y no sólo como ciencia, una gran pobreza de corazón y los dones del Espíritu Santo, que sopla donde quiere.

Podemos disponernos a esta revelación contemplativa de Jesús, adentrándonos con fe en el Evangelio, y disponiéndonos como discípulos a aprender lo que esta Palabra nos enseña del Señor. Podemos estar en posesión de una sólida cristología y de una exégesis, pero éstas nunca reemplazan a la contemplación del Evangelio. Este nos transmite lo que más intensamente impresionó a los Apóstoles y a los primeros discípulos, recogido en la tradición de las primeras comunidades como el recuerdo más significativo para la fe y el corazón de los cristianos. "Lo que hemos oído, lo que hemos visto con nuestros ojos, lo que hemos mirado y nuestras manos han palpado acerca del Verbo que es vida, les anunciamos..." (1 Jn. 1, 1).

Por eso el Evangelio es irremplazable. Encontramos en él la cristología como sabiduría, y la imagen de Cristo como mensaje inspirador de todo seguimiento. Encontramos una Persona susceptible de ser imitada por amor.

Este camino de imitación y seguimiento es el camino de la espiritualidad cristiana. Todos los valores, exigencias y experiencias de esta espiritualidad las encontramos en la vida y práctica misma de Jesús. Es él quien fundamenta y encamina nuestra llamada a buscar a Dios y a vivir de su vida e intimidad: Jesús era ante todo el hombre entregado al Padre, que buscó su rostro y su voluntad hasta el sacrificio de la Cruz; que vivió en una absoluta intimidad con él; que expresó esta intimidad continuamente en su oración y adoración al Padre, lo que constituía para él la fuente inagotable de su fidelidad humana (Mc. 1, 35; Lc. 4, 42, etc.; Flp. 2, Lc. 22, 39-46, etc.). Es la práctica de Jesús quien nos enseña a relacionarnos con los demás en la fraternidad y el amor, quien nos enseña a testimoniar y luchar por la verdad y la justicia; quien le da sentido a la opción por los pobres y sufrientes y al amor de los enemigos; quien nos enseña el valor de la cruz, de la pobreza y la humildad; quien nos enseña cómo ser fieles en los compromisos humanos y cristianos.

Elaborar sobre todo esto, ver las condiciones actuales del seguimiento de Jesús en los cristianos de hoy, es precisamente la espiritualidad cristiana. A ellos hemos dedicado ya varias páginas, y dedicaremos los capítulos siguientes.

No nos debe sorprender entonces, el constatar el valor central que todos los grandes movimientos de renovación espiritual en la Iglesia, han dado a la humanidad de Jesús, y a la imitación y seguimiento de esta humanidad. San Francisco va a hacer de la imitación "sin glosa" del Jesús de los evangelios la palanca de su revolución espiritual. Para San Juan de la Cruz, el seguimiento de Cristo (un "continuo apetito" de imitarlo e identificarse con su espíritu) es el hilo conductor de todo el camino de la perfección cristiana, hasta la unión con Dios. San Ignacio concibe sus Ejercicios —llave y síntesis de su renovación espiritual— como una meditación y contemplación de los grandes momentos de la vida de Jesús, para imitarlo en el discernimiento de nuestra vida. Para Teresa de Avila, la referencia a la humanidad de Jesús es tan fundamental, que pone en su imitación la única verificación sólida de los grados de oración y de las experiencias místicas. Más cerca de nosotros, fuertes movimientos de espiritualidad como los que dieron origen a Carlos de Foucauld, la devoción al Corazón de Jesús y aun la incipiente "espiritualidad de la liberación", se han basado en un "redescubrimiento" del seguimiento de Jesús según el evangelio.

El camino para ser cristiano

Vemos ahora más claro que el valor fundamental de la espiritualidad es hacernos discípulos de Jesús, cristianos. Esto es lo sustantivo del evangelio y de la sabiduría espiritual de la Iglesia. Las escuelas y especialidades de la espiritualidad, las diversas vocaciones y ministerios, son lo adjetivo. Tal forma de espiritualidad, vocación, tal ministerio en la Iglesia, por muy importante que sea, no pueden sustituir a la llamada fundamental de todo ser humano: seguir a Jesús, para aprender, poco a poco, a ser cristiano.

Hoy parece que percibimos mejor que el objetivo de cualquier espiritualidad, cualquiera sea el estado de vida o ministerio, es muy esencialmente hacernos cristianos. Seguidores de Jesús en la Iglesia. Que nadie todavía es cristiano como Cristo lo propuso, que hacerse cristiano es un proceso de toda la vida; que ninguna vocación ni ministerio puede dar eso por descontado.

Cuando Jesús confirma a Pedro su ministerio en la Iglesia (Jn. 21, 15 ss), lo hace en la medida en que él está dispuesto a seguirlo, por el camino particular del ejercicio de ese ministerio. "Pedro, ¿me amas?... Entonces apacienta mis ovejas... y sígueme". Como todos los discípulos de Cristo, entonces como ahora, Pedro era cristiano, pero no lo era plenamente; tenía que llegar a serlo. Su fidelidad como jefe de la Iglesia fue para él el camino para "ser cristiano".

Así, un religioso no es un cristiano que se "especializa"; es alguien que a través de su vocación carismática, va aprendiendo a ser cristiano. Su vida religiosa es el cauce donde crece como discípulo de Cristo. Análogamente un sacerdote o un obispo. Por su ministerio, deben ser "modelos de la comunidad cristiana" (S. Pablo), pero ello no es un título profesional, sino un testimonio a aspirar, en la medida que el ejercicio ministerial los lleva a ser cada vez mejores creyentes. Y lo mejor que se puede decir de un obispo es que es un buen cristiano, un hombre evangélico.

Por eso, cualquiera que sea su ministerio o vocación específica, el camino de la espiritualidad debe ser recorrido básicamente con las mismas exigencias para todos los creyentes. La contemplación, el compromiso, la cruz, la fraternidad radical, la libertad, la fe, son condiciones del seguimiento de Cristo tan necesarias como arduas para un obispo como para un catequista.

3. LA VIDA SEGUN EL ESPIRITU (3)

La espiritualidad cristiana es trinitaria. No es sólo seguir al Hijo encarnado que nos conduce al Padre. Es igualmente vivir por el Espíritu Santo y ser conducido por el Espíritu. Esto es igualmente esencial en la identidad cristiana.

Cristo, enviado del Padre, actúa hoy (después de su resurrección) por su espíritu. El Espíritu Santo es el Espíritu de Cristo, el que nos impulsa y conduce en el seguimiento de Jesús.

Dicho de otra manera, la espiritualidad cristiana no es solamente seguir a Jesús (Cristo como Camino), sino que es al mismo tiempo vivir la vida de Jesús (Cristo como Vida), por el Espíritu. Por el Espíritu (la vida) que Cristo derramó sobre el mundo y particularmente sobre los que habrían de ser sus discípulos no sólo imitamos a Cristo, sino que nos transformamos en Cristo y —como él— en hijos de Dios. Eso es lo que se suele llamar la "vida de la gracia"; el hacerse hombres nuevos, el "nacer de nuevo", según la palabra de Jesús a Nicodemo (Jn. 3, 1-15). Este renacer de los creyentes, personal y colectivo, es obra del Espíritu. Es vivir según el Espíritu.

El don del Espíritu es también colectivo. Se ofrece en Pentecostés a los Apóstoles y al pueblo que los escuchaba. Se ofrece hoy a los pueblos, a las sociedades, a las culturas, y de manera plena y decisiva a la Iglesia. Vivir en Iglesia es vivir según el Espíritu; renovarse uno mismo y renovar la Iglesia es dejarnos conducir por el Espíritu.

Desde sus comienzos, la teología católica atribuye al Espíritu Santo todo aquello que es dinamismo y renovación en el cristianismo. La Iglesia nos hace orar y pedir al Espíritu que "renueve la faz de la tierra" y que "recree todas las cosas". Para la Iglesia, el Espíritu es "dador de vida" y "Espíritu de verdad" (Jn. 16, 3), que en la historia conduce a los cristianos a renovarse continuamente según la verdad evangélica. El Espíritu garantiza la juventud de la Iglesia, de sus instituciones y opciones, de su vida cristiana. Donde en ella hay renovación según la verdad, ahí está el Espíritu: El es la fuente viva (Jn. 7, 38) de todos los dinamismos y de todas las renovaciones. Esta fuerza animadora del Espíritu, expresada en los diferentes contextos históricos y sociales del cristianismo, genera en los cristianos lo que llamamos una "espiritualidad".

La vida según el Espíritu, con que los cristianos viven en un cierto contexto histórico-social las exigencias y tareas de su fe, no es independiente de los dinamismos históricos, sociales y culturales del "lugar" en que ella se vive. El Espíritu se comunica plenamente a la Iglesia, pero también se manifiesta en los dinamismos de la historia y de la sociedad, en sus valores, en sus aspiraciones, en sus ideales y quehaceres, en la medida que son convergentes con los valores del Reino.

Por esta razón Cristo es el Señor de la historia, que "ilumina a todo hombre que viene a este mundo" (Jn. 1, 9). Y por doble razón Cristo es el Señor de la Iglesia, vive en su Iglesia por el Espíritu, impulsando a los discípulos a seguirlo y a vivir de su vida.

Por eso también, cuando se habla de "vida espiritual", se refiere uno no a una vida simplemente guiada por las facultades superiores del hombre, sino a una vida orientada y alimentada por el Espíritu de Jesús, como "nuevas creaturas" (Rom. 8, 11; Tit. 3, 5).

Jesús resucitado no sólo nos envió su Espíritu. El mismo, en su vida y actividad terrena, "encarnó" plenamente ese Espíritu, se dejó conducir totalmente por él, hasta manifestarlo en su resurrección (Pentecostés): la acción de Cristo que vive junto al Padre y la acción del Espíritu es la misma cosa, a causa de la total fidelidad de Jesús de Nazaret al Espíritu que lo conducía (Rom. 8, 9-11; 2 Cor. 3, 18; Gal. 2, 17; 1 Cor. 6, 11; Ef. 4, 30; 1 Cor. 9; 2 Cor. 13, 13...).

La humanidad de Jesús es modelo de seguimiento porque realizó radicalmente aquello a que todos estamos llamados: a vivir según el Espíritu. Jesús es modelo también de "vida espiritual", de espiritualidad cristiana, porque su vida y su acción estuvo guiada y alimentada por el Espíritu

Santo. En Jesús, y en sus discípulos llamados a seguirlo, la vida según el Espíritu se opone a la "vida según la carne", o "según el mundo" (Gal. 5, 19. 21; Jn. 6, 33), vivir según la "carne", en contradicción al Espíritu, no es tanto vivir según el pecado y las pasiones, sino más profundamente, vivir en una perspectiva sólo terrena e intra-temporal, encerrada en uno mismo. Es vivir orientada por los criterios y "los esquemas de este siglo" (Rom. 12, 2).

Vivir según el Espíritu, en cambio, es vivir según los criterios y las perspectivas de Dios, tal cual han quedado encarnadas para siempre en la vida y enseñanza de Jesús.

De ahí que todo aquello que conduce a los creyentes a identificarse con la vida de Jesús, la espiritualidad cristiana lo atribuye a la intervención del Espíritu Santo. El proceso del acceso a la fe, el camino de la conversión, el conocimiento y amor a Jesucristo, y el deseo de seguirlo, se deben a la intervención del Espíritu. La oración cristiana es posible, debido al Espíritu que vive en nosotros (Rom. 8, 26-27). Los carismas, los ministerios, las llamadas y vocaciones en la comunidad, son siempre intervenciones del Espíritu que lleva a los creyentes a seguir a Jesús de tal o cual manera.

La Palabra de Dios, los sacramentos son, en la vida cristiana, un encuentro con Jesús santificador y liberador, a causa del Espíritu Santo que los fecunda y vivifica. La misión de la Iglesia puede tener éxito en la propagación del Reino de Dios, sólo a causa del Espíritu que anima su acción y fecunda su predicación y su obra.

Y muy profundamente, la vida según el Espíritu nos va incorporando a los criterios, la sabiduría y la sensibilidad espiritual con que Jesús vivía y actuaba. La vida según el Espíritu nos transmite la "mentalidad" y las "costumbres" de Dios. A eso se refiere fundamentalmente la acción y los dones del Espíritu Santo en los discípulos. Participar en la "mentalidad" y en las "costumbres" de Jesús habitado por el Espíritu, nos da la capacidad de discernir y de actuar evangélicamente. Una buena parte de la espiritualidad consiste en discernir y en llevar a cabo las realizaciones y caminos con que Dios nos llama y se hace presente en nuestra vida.

En fin, la acción universal del Espíritu Santo en los hombres, aun de aquellos que carecen de fe y que no siguen conscientemente a Jesucristo, hace que éstos puedan participar de la redención y de la gracia del Reino. En la medida que estos hombres son fieles a la acción del Espíritu en sus vidas, de alguna manera participan de los criterios y de la práctica de Jesús, de lo que podemos llamar el "espíritu de Jesús". Ello ya constituye una experiencia inconsciente del dinamismo de la espiritualidad cristiana. El que pueda haber esta experiencia espiritual fuera de la Iglesia, es un don del Espíritu Santo.

Cuando el Espíritu Santo actúa en los no-creyentes, o en procesos históricos, actúa como Espíritu de Jesucristo: inspira actitudes y acciones que se conforman con la ley de Cristo y de su Reino, aunque sus protagonistas no lo sepan. Siempre hay continuidad entre lo que hace el Espíritu, y la imitación de Jesús. Así, hay quienes no tienen al Cristo del evangelio como norma consciente de vida, pero si aceptan el dinamismo del Espíritu Santo en ellos, en sus frutos de justicia y amor, participan del "espíritu de Jesús" o del "espíritu del evangelio".

Por el contrario, por falta de fidelidad al Espíritu que lleva a seguir a Jesús, hay creyentes que aceptan a Cristo como Dios y como maestro de vida, pero no se conforman a sus exigencias de seguimiento. Así, creen en Cristo pero insuficientemente: no siguen el Espíritu de Cristo, que es esencial en la vida cristiana.

La espiritualidad cristiana en su plenitud es la síntesis entre el "espíritu de Jesús" y la aceptación de su persona y evangelio. A los que creen en Jesús hay que ayudarlos a vivir según la práctica de Jesús, es decir, a adquirir el Espíritu de

Jesús. La ortodoxia sin la práctica y las actitudes, es insuficiente e incoherente.

De la misma manera, es insuficiente para la vida cristiana el vivir el "espíritu de Jesús" en varios aspectos de la vida, sin tener una referencia explícita a Jesús y su evangelio. ¿Por qué? Porque en este caso tampoco hay coherencia cristiana. El Espíritu Santo actúa fuera de la Iglesia como acontecimiento de vida (generando aquí y allá valores del reino), pero lo que integra estos acontecimientos coherentemente es el seguimiento de Cristo. Cristo hace de la fidelidad al Espíritu algo global, coherente y permanente. Vivir el espíritu cristiano sin Jesús es siempre precario y parcial. Es siempre subjetivo, en peligro de ser siempre una espiritualidad "ideológica", parcializada y eventualmente contradictoria. La espiritualidad cristiana ha de ser integralmente liberadora e integralmente humanizante, y la llave de este espíritu y de esta ética integral, es la humanidad de Jesús reconocida y seguida en la Iglesia. A ello, en definitiva, es a lo que nos conduce el Espíritu.

La guía de la Iglesia y de la comunidad

La guía de la Iglesia, Madre y Maestra de vida cristiana, y la experiencia de la Iglesia, es también componente esencial de la espiritualidad. La Iglesia es la "patria", es el lugar privilegiado donde está y actúa el Espíritu Santo. La Iglesia es el sacramento de Cristo y de su seguimiento; es el lugar más auténtico y primordial del encuentro con el Padre.

La Iglesia no es una mediación arbitraria que se interpone entre la vida según el Espíritu y nosotros. Es lo contrario. Es la garantía de que el Espíritu de Cristo está entre nosotros, y de que lo podemos seguir sin engaño. La Iglesia no es el Espíritu Santo, pero lo "encarna" y lo discierne. La Iglesia no es Jesucristo, pero por su palabra y enseñanza de fe, y por sus sacramentos de vida, y por su servicio pastoral, nos

81

conduce indefectiblemente a la participación en la vida de Cristo.

No es lugar aquí de elaborar una eclesiología, sino de reflexionar sobre la espiritualidad cristiana y el rol de la Iglesia. Siempre existió la tentación de un cristianismo y de una espiritualidad sin recurso a la Iglesia, a su tradición espiritual y a lo que ella nos ofrece como experiencia de Dios. Pero la verdad es que no hay verdadera espiritualidad sin Iglesia. La espiritualidad cristiana no es una ideología o una mera actitud ética que pueda nutrirse de cualquier fuente. La fe cristiana y su espiritualidad, como vida según el Espíritu, tiene una fuente de alimentación y experiencia a la que el mismo Espíritu de Jesús se ha unido indisoluble y eficazmente. Esta fuente es la Iglesia.

La Iglesia es la fuente y nos ofrece los ríos indispensables de la espiritualidad cristiana. Sobre esto volveremos en el capítulo siguiente.

Una espiritualidad sin participación en la vida de la Iglesia, sus sacramentos, sus comunidades y movimientos, su predicación y formación de la fe, etc., termina por extinguirse, o hacerse sectaria y subjetiva. Pues al participar en la Iglesia no sólo creemos en la vida según el Espíritu, sino que adquirimos los criterios concretos para vivir del Espíritu y seguir a Jesús en las circunstancias de cada uno.

El papel de la Iglesia como guía de espiritualidad es asegurar que nuestra vida según el Espíritu no sea sólo subjetiva, sino que sea objetivamente de acuerdo con el evangelio y la práctica de Jesús. La Iglesia-guía, (con todas sus formas de servicio de la fe, y particularmente con su magisterio), nos ayuda objetivamente a recorrer, aquí y ahora, los caminos del evangelio en nuestra historia.

La Iglesia es guía de espiritualidad, igualmente, porque nos introduce y lleva a participar en la gran tradición espiritual del cristianismo. Cualquier renovación, cualquier creación, cualquier realización histórica de la espiritualidad cristiana, no es sólida ni auténtica si no se entronca, y si no revive los valores y la experiencia fundamental de la tradición mística cristiana. Con otro lenguaje, en otro contexto, con otras realizaciones, ninguna "nueva" espiritualidad puede permitirse ignorar la enseñanza y experiencia secular de la Iglesia, de la cual ella misma hace uso hoy para guiarnos por el camino del Espíritu.

Aquí adquieren un valor primordial los escritos de los grandes maestros del espíritu que la Iglesia nos ofrece hoy como guía. Por de pronto el Nuevo Testamento, los Padres de la Iglesia, y autores como San Juan de la Cruz, Santa Teresa de Avila, o San Ignacio para mencionar sólo los más cercanos a la cultura hispana. La Iglesia nos guía hoy por el arduo y a menudo oscuro camino de la espiritualidad, también con el aporte de ellos. Pues todo lo válido que encontramos hoy en los libros de espiritualidad moderna no son otra cosa que la actualización de esta gran tradición espiritual.

Seguidamente, también tenemos que poner énfasis en el papel de la comunidad cristiana. La comunidad de Iglesia en que un cristiano de hecho y ordinariamente participa —comunidad eclesial de base, equipo apostólico, parroquia, comunidad religiosa, etc.— es el modo muy concreto y local con que la Iglesia hace de guía espiritual. Pues las orientaciones de la Iglesia y de los grandes espirituales no son suficientes para guiar a muchos cristianos que no tienen acceso a ellos, o que en todo caso tienen que discernir problemas y situaciones muy concretas.

En la celebración común de la fe, en el intercambio y estudio de la palabra de Dios, en la búsqueda común de los compromisos cristianos, en la revisión de vida, la comunidad eclesial va guiando a sus miembros, en ayuda recíproca, a ser cristianos en la vida.

La espiritualidad cristiana requiere el concurso de la comunidad; es comunitaria. Es comunitaria porque las diversas comunidades eclesiales según el diverso grado de participación en ellas, son lugar y acontecimiento de la experiencia de la Iglesia. La Iglesia como lugar de la vida según el Espíritu, y como encuentro y seguimiento de Jesús, se hace experiencia vital en la vida de la comunidad. La comunidad canaliza para los creyentes las fuentes primordiales de la espiritualidad: la presencia del Espíritu de Cristo entre ellos ("donde dos o tres estén reunidos en mi nombre yo estaré en medio de ellos", Mt. 18, 19), la palabra y la sacramentalidad de la Iglesia, y la experiencia del amor fraterno. La comunidad es experiencia espiritual porque es experiencia de fraternidad y de ejercicio de amor y solidaridad.

La revisión de vida

La comunidad cristiana es guía espiritual también porque nos ayuda a discernir las exigencias del Espíritu en nuestra vida concreta.

La tradición espiritual de la Iglesia nos guía en los grandes criterios y orientaciones del Espíritu. Cómo y en qué condiciones orar y participar de los sacramentos, con qué frecuencia, cómo leer la biblia, cómo vivir el amor y la fraternidad, qué es hoy practicar la justicia, cómo superar la ceguera y el pecado... Pero la aplicación concreta de estos grandes criterios a nuestra vida, la encontramos habitualmente en nuestra comunidad concreta de Iglesia. A esta aplicación y discernimiento se le suele llamar la revisión de vida cristiana.

En la revisión de vida ponemos en comunidad —en Iglesia— los hechos y situaciones de nuestra vida en que debemos discernir qué actitud tomar y qué hacer como cristianos. Igualmente ponemos en común nuestras aspiraciones, llamadas e inspiraciones que pensamos vienen del Espíritu. A partir de estos hechos de vida —que a menudo son colectivas y también participados por los demás— el intercambio en la comunidad va aportando la luz y el discernimiento que vienen de la palabra evangélica y del pensamiento de la Iglesia. Esta mutua iluminación y ayuda fraterna va ayudando, a discernir, lenta y progresivamente, lo que hay de falso y verdadero en nuestros criterios, actitudes y respuestas al Espíritu. Es una verdadera guía espiritual, no a modo de solucionar inmediatamente las cuestiones, ni a modo de juicio sobre la vida de los demás, sino a modo de cuestionamiento, de situar las cuestiones en una atmósfera de fe y fraternidad, donde se hace más fácil para el cristiano encontrar el verdadero camino del Espíritu.

La revisión de vida a veces es sistemática, según un cierto método, a la manera como se ha ido realizando en muchos movimientos laicos o Comunidades religiosas. Pero más habitualmente la revisión de vida es espontánea y sistemática; se realiza en las comunidades y entre los cristianos, de hecho, sin conciencia refleja de "revisión de vida". De esta manera muchas comunidades buscan su fidelidad concreta al evangelio.

Muchas veces, sin embargo, la revisión de vida en comunidad es insuficiente para discernir y guiar en los caminos del Espíritu. Hay problemas y experiencias delicadas, que requieren un mayor conocimiento de la persona y de su historial cristiano. Hay discernimientos que requieren más sabiduría y conocimiento espiritual que lo habitual. Y hay momentos, en fin, en que lo que el cristiano necesita no es tanto la revisión en común, como la revisión de vida con otra persona capaz de discernir. Es lo que se suele llamar la "dirección espiritual".

La "dirección espiritual", cualquiera que sea la modalidad que haya ido tomando en la historia, cualquiera que sea la importancia relativa que tenga con respecto a la comunidad eclesial, entendida como revisión de vida con una persona, es también una de las modalidades significativas con que la Iglesia nos guía. Pues es también la comunidad eclesial, representada en un hermano, la que nos ayuda y guía para vivir según el Espíritu.

4. Una espiritualidad encarnada

La encarnación de la fe, la esperanza y el amor que nos vienen del Espíritu de Cristo es rasgo esencial y original de la identidad cristiana. La búsqueda de Dios, el seguimiento de Jesús y la vivencia del Espíritu han de realizarse en una historia personal y colectiva.

La encarnación de la espiritualidad es una dimensión de toda la vida cristiana, así como la condición humana es una dimensión englobante de la encarnación del Hijo de Dios. Así como la historia humana, los signos, las personas, los acontecimientos y aun la naturaleza son los medios por los que Dios actúa, nos habla y se revela. La experiencia cristiana de Dios se da al interior de las experiencias humanas.

En este sentido la espiritualidad cristiana puede considerarse como un humanismo. La plenitud del humanismo. No hay ninguna exigencia o experiencia cristiana que no sea humanizante, y los caminos del Espíritu no serían auténticos si no condujeran también a la liberación humana. De otra parte, la espiritualidad cristiana supera las perspectivas humanistas meramente temporales, abriendo a exigencias, a purificaciones y a liberaciones que hacen al hombre más que el hombre, y al humanismo seguimiento de Jesucristo.

La condición encarnada de la espiritualidad, al hacer de la vida según el Espíritu un humanismo transcendente, es lo que fundamenta las aparentes paradojas de la mística cristiana. Está centrada en la búsqueda de Dios a través de Jesús, pero también está centrada en el hombre y en la búsqueda del amor fraterno. Vive en la esperanza del Reino que no tendrá fin, pero se entrega completamente a las tareas del Reino en la historia y en la sociedad. Recibe la fe como un don de Dios irreductible a cualquier experiencia humana, pero sabe que esa fe toma cuerpo y exigencias diversas según las culturas, los desafíos de la sociedad y los compromisos de cada uno. Sabe que la experiencia de Dios es inseparable del compromiso, y que todo compromiso humano o cristiano debe ser también un lugar de la experiencia de Dios.

Abundar sobre el tema sería repetitivo. Más atrás ya hemos explicitado varios aspectos de la encarnación de la espiritualidad. (Espiritualidad y modelo cultural, espiritualidad y acontecimientos, espiritualidad y liberación cristiana, y cuestiones en torno a una "espiritualidad latinoamericana"). Más adelante tenemos que elaborar sobre la encarnación de la espiritualidad en la psicología, en el amor humano, en la misión... Y muy especialmente en el prójimo y en el pobre.

Pues ciertamente el "lugar" privilegiado en que la espiritualidad se encarna y se hace práctica, es en el amor a los hermanos y hermanas, y en el amor preferente por los pobres y sufrientes. La realidad temporal que resume todas las encarnaciones de la mística, todo el realismo del espíritu cristiano, y que concentra todas las exigencias de la práctica de la fe y el amor, es el hermano, es el pobre.

El Dios escondido en el rostro de nuestros hermanos es la experiencia suprema de la encarnación de la espiritualidad cristiana.

NOTAS AL CAPITULO II

1. Como referencia: BOFF L., *La experiencia de Dios*, Ed. CLAR, Bogotá 1975. DUCOQ C., *Dios diferente*, Sígueme, Salamanca 1978; DANIELOU J., *Dios y nosotros*, Ed. Taurus, Madrid 1966.
2. DUCOQ., *Jesús hombre libre*, Sígueme, Salamanca 1978; SOBRINO J., Cristología desde América Latina, Ed. CRT, México 1977; COMBLIN J., *Jesús de Nazaret*, Ed. Sal Terrae, Santander 1979; GALILEA S., *El seguimiento de Cristo*, Ed. Paulinas, Bogotá 1981, 2a. ed., DE FOUCAULD C., *Escritos Espirituales*; SAN IGNACIO DE LOYOLA, *Ejercicios Espirituales*, sobre todo 2a. y 3a. Semana.
3. TEOLOGOS-CLAR, *La vida según el Espíritu en las comunidades religiosas de América Latina*, Ed. CLAR, Bogotá 1973.

III
Las fuentes de la espiritualidad

1. LA PALABRA DE DIOS Y EL EVANGELIO

La Palabra de Dios es la fuente primordial de la espiritualidad cristiana porque genera la fe. La experiencia de la fe es la médula de la espiritualidad, así como la Palabra es la raíz de la fe. Todas las demás fuentes de la espiritualidad —los sacramentos, etc.— suponen la fe y celebran la fe, fe que tuvo su origen en la escucha fiel de la Palabra.

Esto es un hecho de la experiencia cristiana, y un testimonio de la biblia. Para San Pablo, la fe viene de la predicación de la Palabra (ver Rom. 10, 14 ss., etc.). Para Jesús, el auténtico seguidor es aquel que "escucha la Palabra, la acoge y la practica" (Mt. 7, 21 ss.; Lc. 11, 27 y 28); y muy especialmente la parábola del sembrador (Mt. 13, 1-23), donde el "fruto espiritual" está en proporción a la acogida de la Palabra.

La experiencia nos dice que aquello que más nos mantiene y enfervoriza la fe, es escuchar, con las condiciones adecuadas, la Palabra de Dios en cualquiera de las formas en que la Iglesia tan variadamente nos la ofrece: la proclamación de la Biblia en la comunidad, la predicación, las exhortaciones, los retiros y sesiones, las formas de catequesis, la liturgia, etc....

Vemos nuevamente cómo la Iglesia es el "lugar" habitual y necesario que genera nuestra fe, y que la Palabra de Dios es palabra dicha "en Iglesia", en la comunidad cristiana. La misma Biblia, la Palabra de Dios por antonomasia, está escrita como experiencia de Iglesia, del pueblo de Dios y de las primeras comunidades.

Igualmente podemos apreciar la enorme importancia que tiene nuestro contacto personal, con la Palabra de Dios. Me refiero a las diversas lecturas privadas de la Palabra de Dios: de la Biblia, de los grandes autores espirituales o de libros de espiritualidad, documentos de la Iglesia, especialmente de su magisterio, etc. Aquello que se llamó tradicionalmente la "lectura espiritual", y que en buenas cuentas es una escucha más personal y privada de la Palabra, es una práctica muy importante y aconsejable para mantener la vida de fe. Esta adquiere tanta más importancia en la medida que los cristianos tienen menos oportunidad de escuchar la palabra en comunidad o proclamada públicamente. Si todos (los que leen) tienen "libros de cabecera", el cristiano debería tener siempre entre ellos a la biblia —especialmente el nuevo testamento y sobre todo los evangelios— y algún o algunos libros cristianos que a él particularmente lo han ayudado o lo ayudan. Muchos corren el peligro de extinguir su fe por no "escuchar" o por no "leer" las palabras de Dios dichas o escritas en la Iglesia.

Pero en medio de todo, hay que subrayar que la Biblia queda siempre el paradigma y la fuente de toda Palabra de Dios. La Iglesia se inspira en ella, y se guía por ella, en todas sus variadas formas de anunciar la Palabra. La biblia es Palabra de Dios en su sentido más verdadero y literal, de ahí que la escucha y el contacto periódico con ella, tenga una fecundidad y una capacidad de generar la fe sin paralelo en la espiritualidad cristiana.

En la lectura cristiana de la biblia, los evangelios ocupan el lugar central. Los evangelios son la Palabra de Dios en el sentido más denso, puesto que ahí se recogen las palabras y actitudes de la persona misma de Dios. Ya hemos recordado más atrás ("El seguimiento de Cristo", II, 2) cómo el acceso necesario a la humanidad de Dios, a su conocimiento y seguimiento por amor, son los evangelios. Un cristiano podría ignorar otros libros de la biblia pero no los evangelios.

Más aún, su proclamación o lectura son un verdadero sacramento de la presencia del Espíritu de Jesús entre nosotros; leer los evangelios con actitud de discípulo, es encontrarse con Jesús. Junto con la eucaristía, constituye la experiencia de Jesús más intensa de la vida cristiana.

Aquí nos interesa el contacto con los evangelios en relación con la espiritualidad, y como norma de seguimiento. En la imposibilidad de abordar en este lugar todos los aspectos que se refieren a ello (toda la espiritualidad cristiana es evangélica, se basa en el evangelio, y sobre esto ya hemos elaborado y volveremos a elaborar en cada momento), tomaremos más bien el trozo evangélico que mejor sintetiza el mensaje de espiritualidad de Jesús: el discurso de las bienaventuranzas. Ellas son el resumen del espíritu evangélico y de la Palabra de Dios como camino de perfección humana.

El evangelio de las bienaventuranzas (1)

Se ha dicho, con más o menos verdad, que el sermón de Jesús en el monte, (o el conjunto de discursos denominados de esa manera) son como un resumen de la espiritualidad evangélica. Tal vez es el discurso de Jesús más popularizado, y el que ha tenido más éxito. Las bienaventuranzas las podemos considerar como una síntesis del sermón del monte, y de los valores espirituales que Cristo nos enseñó.

Más aún, Jesús mismo es una encarnación de las bienaventuranzas que al ser vividas y anunciadas por El, se hacen los valores espirituales de un Reino que es en primer lugar el mismo Jesús.

Las bienaventuranzas son la "gran profecía del evangelio". Precisamente, porque proponen un ideal que al mismo tiempo es inalcanzable plenamente en la tierra, pero en el que podemos ir creciendo. Es el ideal del "hombre nuevo", que al revestirse del espíritu del evangelio, se reviste de Cristo.

El carácter profético de las bienaventuranzas conlleva también la imposibilidad de ser vividas sin la presencia especial del Espíritu Santo, porque superan el esfuerzo humano. Suponen el don de sabiduría, de fortaleza y la delicadeza del amor que el Espíritu proporciona. Por eso, las bienaventuranzas son proféticas y poco comprendidas. Si por un lado son dignas de admiración, inclusive entre los no creyentes, por otro lado hay que reconocer que hay un cierto escepticismo e incomprensión frente a ellas. Porque exigen más allá del esfuerzo humano y porque pueden inclusive ser mal interpretadas. Pueden ser una piedra de escándalo y ser ridiculizadas. Podemos acusarlas de ser inadaptadas. Ahora bien, recordemos que las grandes exigencias del evangelio son siempre susceptibles del ridículo: el perdón de las ofensas, la no violencia, el celibato, la pobreza, las bienaventuranzas, son siempre exigencias que están en el límite del espíritu del evangelio, y de la comprensión humana.

Pero frente a esto, las bienaventuranzas quedan como el gran mensaje de Cristo a sus discípulos. Los evangelistas precisamente recalcan que Jesús habló a los discípulos, es decir, a aquellos que en alguna forma van a ser diferentes. Habla a los cristianos, que están en un dinamismo de ser hombres nuevos. Habla también a los discípulos que por un lado desean la perfección evangélica, y por otro lado buscan, como todo hombre, la felicidad. Jesús no opone la dicha humana a la perfección evangélica. Estamos demasiado hechos para la felicidad, para que podamos encontrar en las exigencias de Cristo, incluyendo las bienaventuranzas, una cierta oposición con el llamado de Dios a la felicidad. Cristo ha hecho coincidir las dos cosas y nos promete la dicha del evangelio para el tiempo presente. Las bienaventuranzas no son sólo una promesa para la otra vida, sino una promesa y una luz en la actual. No son un consuelo. No tienen nada de alienante. Son al mismo tiempo escatológicas e históricas.

Las bienaventuranzas nos arrancan del peligro de vivir una espiritualidad pre-evangélica o vetero-testamentaria, al superar las normas éticas puramente humanas, y la ética espiritual de los marcos jurídicos y de los puros mandamientos.

Sabemos que los evangelios nos traen dos versiones complementarias de las bienaventuranzas: la de Lucas y la de Mateo. La versión de Lucas nos enseña quiénes son objetivamente bienaventurados (o malaventurados) ante el Reino que se nos ofrece. Lucas se refiere a cierta categoría social de los discípulos (los pobres, hambrientos, afligidos y perseguidos) ante los cuales el Reino opta preferentemente. Dejaremos para más adelante el examen de Lucas (ver cap. VII, "El sentido del pobre y la pobreza").

Mateo en cambio tiene una preocupación más específica con respecto a la espiritualidad cristiana: nos dice cómo nos hacemos bienaventurados (cualquiera que sea nuestra categoría humana y social), qué actitudes fundamentales debemos cultivar para participar del Reino, y qué actitudes nos identifican con la espiritualidad de Jesús. Las bienaventuranzas de Mateo sintetizan el estilo de la espiritualidad según los evangelios. Nos detendremos en ellas brevemente.

Las bienaventuranzas de Mateo son ocho (Mt. 5, 1-12). En el estilo oriental de los evangelios y del discurso de Jesús, sabemos que todas ellas se incluyen mutuamente, como las diversas facetas de un mismo mensaje fundamental, que se va enriqueciendo y desarrollando al modo de un espiral.

Esta riqueza de ángulos que nos da el mensaje de las bienaventuranzas, hace que cada uno de nosotros se va a sentir llamado a vivir más intensamente algunas de ellas. De hecho, cada uno es más sensible a un aspecto que a otro. Pero sabemos que, si seriamente nos introducimos en las exigencias de una de las bienaventuranzas, también estamos avanzando en las demás, porque encarnan el mismo mensaje. El que es realmente pobre según el evangelio, también es manso, es misericordioso, se compromete con la justicia...

"Bienaventurados los pobres de espíritu, porque de ellos es el Reino de los cielos".

La pobreza de espíritu está en el umbral de las bienaventuranzas y de la espiritualidad evangélica.

Los pobres de espíritu ("anawin" en la biblia) son los humildes delante de Dios, los confiadamente abiertos a su Palabra y a sus promesas, los que ponen su confianza absolutamente en el Señor. Los que por eso no se irritan ni rebelan ante las contradicciones y acontecimientos; han puesto su vida en las manos de Dios.

La pobreza de espíritu no es la virtud y la práctica de la pobreza, pero la fundamenta. Pues cualquier forma de practicar la pobreza toma su valor evangélico y espiritual, en el hecho que está motivada por la esperanza y por la confianza en Dios. Sorprendentemente, la raíz de la virtud de la pobreza (esta pobreza de espíritu) es una actitud ante Dios, en primer lugar, actitud que no puede dejar de repercutir y de hacerse una práctica en la actitud ante las cosas, las personas y las riquezas.

Jesús mismo es el modelo único del pobre de espíritu y del manso, y así se lo dio a entender a los discípulos como testimonio concreto de la bienaventuranza: "Vengan a mí los que se sientan cargados y agobiados, porque yo los aliviaré. Carguen con mi yugo y aprendan de mí que soy paciente de corazón y humilde. Pues mi yugo es bueno y mi carga liviana" (Mt. 11, 28-30). Palabras que además de testimoniar cómo es Jesús reiteran la promesa de felicidad a los que siguen a Cristo bienaventurado con pobreza de espíritu: encontrarán liviano el "yugo de Cristo", y recibirán la revelación del Reino que Dios oculta a los "sabios y prudentes" (Mt. 11, 25).

"Bienaventurados los mansos, porque ellos poseerán la tierra".

El manso es también el pobre de espíritu ("anawin" en la Biblia). Por eso la segunda bienaventuranza es una reiteración de la anterior, agregando sin embargo un matiz: la práctica de la mansedumbre evangélica como una modalidad de la pobreza de espíritu.

No hay que pensar que la mansedumbre bíblica es debilidad o pasividad. No se trata de un rasgo temperamental. Es más bien la fortaleza, el temple y la capacidad de "durar", que provienen de apoyarse totalmente en la esperanza y confianza en Dios.

La mansedumbre es creer en el valor y en el triunfo del bien sobre el mal. Es creer que el amor es más que el odio. Es la renuncia a la venganza, a las diversas formas de violencia y prepotencia. Es saber prescindir del provecho propio, saber luchar con el corazón puro y con las manos limpias. Todo esto está expresado en forma gráfica en el mismo sermón de la montaña, y hay que interpretarlo como una forma de libertad y de mansedumbre, según el Evangelio.

"Si te golpean la mejilla derecha, da también la izquierda" (Mt. 5, 39). Eso no es una alienación, ni una debilidad. Es más bien una actitud de aquel que no está centrado en el provecho propio, sino en el provecho de los demás. Es aquel que sigue realmente la suerte de los pobres, de aquel que es capaz de renunciar a la violencia en su lucha por la justicia.

"Si te piden prestada la túnica, presta también, la capa" (Mt. 5, 40). "Si te invitan a caminar mil pasos, anda otros dos mil" (Mt. 5, 41).

La bienaventuranza de la mansedumbre en el fondo nos invita a abandonar "la línea dura" y a buscar el encuentro con los demás como paso previo en las luchas por la verdad y la justicia. Nos invita a mantener el sentido de las personas. Es la actitud del pobre, de aquel que no tiene nada que perder, de aquel que no tiene nada que defender, en cuanto a su egoísmo propio.

En esta perspectiva la mansedumbre supone mucha audacia y mucho valor. Supone creer verdaderamente que estamos en las manos de Dios.

"Bienaventurados los que lloran, porque serán consolados".

La bienaventuranza se da en el presente, y se da en aquellos que tienen el valor de aceptar la cruz y de aceptar su misión personal, adentrándose en la vida de la fe. Jesús nos asegura que en esta línea tendremos el Espíritu consolador. Este es el misterio del cristianismo: el de encontrar paz en la cruz; de encontrar la presencia del Espíritu a través de la realización muchas veces dolorosa y contradictoria de nuestra misión.

Podemos decir que esta es la bienaventuranza de la esperanza. Jesús igualmente podía haber dicho "Dichosos los que esperan, porque serán consolados"... "Dichosos los que esperan en medio de las frustraciones; en medio de la cruz, en medio de las dificultades, porque en medio de esto —y no más allá, no después de la muerte—, y a causa de esto, tendrán el consuelo del Espíritu"...

"Bienaventurados los que tienen hambre y sed de justicia, porque serán saciados".

Jesús se refiere aquí a la justicia según la tradición bíblica, y es en este contexto que debemos entender la felicidad y saciedad que él promete. Para nosotros, justicia tiene un matiz sobre todo social, propio de las relaciones humanas en todos sus niveles. En la enseñanza bíblica, justicia tiene un sentido más amplio y religioso, que por lo mismo incluye la justicia social, aunque sin apuntar a ella específicamente.

Justicia (justo) en la biblia —y evidentemente en esta bienaventuranza— significa la fidelidad plena a la voluntad de Dios y a su reino. Es la santidad, el total seguimiento de Cristo. Mateo toma la misma idea más adelante: "Buscad primero el Reino de Dios y su justicia..." (o sea la fidelidad a las exigencias de ese Reino). "Si vuestra justicia no es mayor que la de los escribas y fariseos..." (es decir, si nuestra manera de ser fieles y de agradar a Dios).

Ahora bien esta fidelidad al Reino tiene una dimensión social, y tanto más fuerte cuanto más distante están las relaciones sociales de conformarse a él. Mientras más fuerte es el pecado y más débil es la influencia de la ley de Cristo en la sociedad, más evocará la justicia bíblica a la justicia social, y más afligirá a los discípulos de Cristo la injusticia imperante. La Iglesia nos ha enseñado reiteradamente, y con fuerza en América Latina, que la construcción del reino y el camino de nuestra santidad es inseparable de la lucha por la justicia. Esta bienaventuranza nos sitúa en la raíz de esta relación.

Y promete a los que desean ardientemente ("hambre y sed") que se haga la voluntad de Dios y se establezca su reino en ellos y en la sociedad, que algún día serán saciados. En el cristianismo se encuentra a Dios en la medida que se le desea; el punto de partida de la santidad es el deseo de ser santo; la plenitud de la liberación social tiene como condición el desearla eficazmente. Pues toda justicia —también la social— implica el don de Dios.

97

"Bienaventurados los misericordiosos, porque alcanzarán misericordia" (2)

Esta bienaventuranza mira a la práctica cristiana del amor fraterno. Por ella participamos de una cualidad típica del Dios bíblico —usar de abundante misericordia— encarnada definitivamente en Jesús, que en su vida derrochó misericordia y que en esto también es el modelo del bienaventurado.

La misericordia que aquí se nos propone no es sólo la compasión o la simpatía del corazón; es una praxis hacia el prójimo, y esto queda evidente si situamos esta bienaventuranza en el conjunto de la enseñanza de Jesús sobre la misericordia, cuyo paradigma es la parábola del samaritano (Lc. 10, 25-37): "...¿cuál se portó como prójimo del hombre que cayó en manos de los salteadores?... El que usó con él de misericordia... Vete y haz tú lo mismo". Para Jesús la misericordia es una acción eficaz.

También para él nuestra misericordia condiciona la actitud de Dios hacia nosotros. Dios será misericordioso con nosotros en la medida en que nosotros hayamos sido misericordiosos con el hermano. En este sentido esta bienaventuranza es una condición para entrar al Reino. "Bienaventurados los misericordiosos, porque ellos alcanzarán misericordia" (de parte de Dios). "Recibirá un juicio sin misericordia el que no tuvo misericordia" (Sant. 2, 13).

¿Pero qué significa tener misericordia según el evangelio? Esencialmente dos cosas.

Perdonar de corazón a los demás, y esto indefinidamente. ("Setenta veces siete" en la expresión de Jesús). La parábola del servidor cruel nos ayuda a comprender que el perdón es parte esencial de la misericordia, del amor fraterno, y condición para que Dios mismo nos perdone a nosotros (Mt. 18, 23-35): "Siervo malo, todo lo que me debías te lo perdoné en cuanto me lo suplicaste. ¿No debías haber sido misericordioso con tu compañero como yo tuve misericordia de ti?... Así hará mi Padre celestial con ustedes, si no perdonan de corazón a sus hermanos".

Ser misericordioso según el Evangelio significa también poner acciones eficaces para ayudar al afligido y necesitado. Lo que llamamos los diversos compromisos cristianos por la liberación del pobre y por la búsqueda de los más abandonados y pecadores.

En el Evangelio, el pobre y el pecador son el contenido privilegiado de la misericordia de Jesús, y de su enseñanza al respecto. En la parábola del juicio final (Mt. 25, 31) o en la del samaritano se nos habla de la misericordia con el pobre y necesitado; en la del hijo pródigo o en la de la oveja perdida (Lc. 15, 1 ss.) se nos habla de la misericordia con los pecadores.

Nosotros estamos llamados a participar en esta actitud de Dios. Y no podemos participar, si no tenemos en primer lugar la conciencia de que cada uno de nosotros somos sujeto actual de su misericordia. Cada uno de nosotros hemos sido gratuitamente salvados y liberados. Somos objeto diario de misericordia. Esta convicción, que es la base de la humildad, nos hará ser misericordiosos con los demás y nos hará hallar y alcanzar misericordia para los demás. Nos llevará a no juzgar; y si debemos hacerlo nos llevará a juzgar con benevolencia y comprensión. Nos hará perdonar, olvidar y volver a comenzar.

No olvidemos que la misericordia cristiana va más allá de la justicia. Un mundo donde reinara puramente la justicia, sería un mundo insoportable. Si yo solamente soy justo con los demás y no pongo en juego la misericordia y la caridad, no se realizaría el ideal del cristiano. Necesitamos un mundo donde haya justicia con misericordia.

"Bienaventurados los que trabajan por la paz, porque serán llamados hijos de Dios".

La bienaventuranza no se refiere a los "pacíficos" (que es insuficiente, pues el pacífico evoca una actitud buena pero pasiva: estar en paz con los demás en lo que depende de uno). Tampoco se refiere a los "pacificadores": el pacificador requiere poder, a menudo poder político, lo cual no está al alcance del cristiano común. Se refiere a los que "trabajan por la paz", que es una acción positiva que cualquiera puede realizar en su ámbito de vida, trabajo e influencia.

"Trabajar por la paz" es ayudar a acercar y reconciliar a personas, familias, grupos, entre sí. Esto es una bienaventuranza porque nos asemeja específicamente a Jesús el bienaventurado, cuya obra entre los hombres se puede definir como obra de reconciliación, de construcción de la fraternidad y de restauración de la comunión entre los hombres, destruida por la injusticia, el odio y el pecado.

Los caminos de la paz son los caminos de la misericordia según la anterior bienaventuranza; misericordia que se traduce en táctica liberadora de las miserias humanas, y en perdón reconciliador.

Habrá paz solamente cuando en nosotros haya justicia y reconciliación, en el sentido de justicia del Reino y de reconciliación con Dios, reconciliación con nosotros mismos (que no es fácil) y reconciliación con los demás. Sólo así seremos capaces de hacer reinar la paz, como dice la bienaventuranza. Esta no nos dice que son dichosos los que tienen paz para sí, sino que son dichosos los que son capaces de transmitir la paz.

"Bienaventurados los puros de corazón, porque verán a Dios".

Esta bienaventuranza está inspirada en el salmo 14 (3-6) "...¿quién subirá al monte del Señor y quién entrará en su lugar santo? El que tiene manos inocentes y puro el corazón; el que no envaneció su alma ni jura engañar su hermano.

Esta es la raza de los que le buscan, de los que buscan el rostro del Dios de Jacob...".

Aquí no se trata de la castidad de corazón, aunque la suponga, y ésta sea una condición para la contemplación. Aquí se trata sobre todo de una nueva modalidad de la libertad del corazón y de la capacidad de un amor que no se busca y es abnegado. Un corazón puro, que sirva a las personas y no se sirva de las personas; que no sea posesivo y que sepa cuándo retirarse, que no permita tampoco ser poseído con exclusividad. Es el corazón que no se deja absorber por los ídolos.

En la tradición bíblica, se establece una unidad entre "corazón puro... manos limpias". Es decir, actitud interior ("corazón puro") y práctica exterior ("manos limpias") son inseparables en la espiritualidad cristiana. No bastan las buenas intenciones para vivir el ideal del evangelio, sino que es necesario poner actos buenos y consecuentes.

Esta bienaventuranza subraya la fuente de la fidelidad exterior, que es la pureza de corazón, poniéndonos en guardia contra una santidad casuística, jurídica y ritualista: aquello que Jesús llamó lo "farisaico", que denunció fuertemente como opuesto a la verdadera imagen de Dios y del Reino que él venía a inaugurar. "Ninguna cosa que entre en el hombre puede hacerlo impuro: lo que lo hace impuro es lo que sale de él..." (Mc. 7, 15) "Fariseo ciego, limpia primero el interior del vaso y después se limpiará también el exterior" (Mt. 23, 26).

Los de corazón puro "verán a Dios"... "Ver a Dios" es la promesa novedosa de Jesús. En la antigua tradición bíblica no se podía "ver a Dios" (Vgr. Moisés en la zarza ardiendo), y aquel que veía a Dios tenía que morir. Jesús en cambio ofrece en esta bienaventuranza la visión auténtica del Dios auténtico, y lo reiterará a través de su enseñanza. "Esta es la vida eterna; que te conozcan a Ti, único Dios verdadero, y a quien enviaste, Jesús el Cristo..." (Jn. 17, 3). "Si me conocieran a mí, también conocerían al Padre. En realidad ya lo conocen y lo han visto... El que me ha visto a mí ha visto al Padre..." (Jn. 14, 7-9).

Y San Pablo lo resumirá, con su fe de discípulo: ..."entonces (lo veremos) cara a cara... entonces le conoceré a El como El me conoce a mí..." (1 Cor. 13, 12-13).

La visión prometida en la bienaventuranza es la visión escatológica, la visión de Dios en el cielo; visión que significa entrar en la intimidad y felicidad de la vida de Dios, visión que coincide con nuestra plenitud humana y con aquello para lo cual estamos finalmente hechos. No hay manera de explicar con palabras este "ver a Dios" de la promesa, y debemos desconfiar aquí de nuestra imaginación, o de cualquier idea de "visión" pasiva o "de vitrina".

Como toda bienaventuranza y toda promesa del Reino, el "ver a Dios" escatológico y pleno, se ofrece "ahora" y "aquí" a los puros de corazón, como anticipo de una esperanza que ya se inauguró. Ver a Dios ahora, aunque en la oscuridad de la fe, es el don de Cristo a sus seguidores, como es igualmente su don el preparar nuestro corazón para ello, haciéndolo puro y arrancando de él los ídolos siempre nuevos. Tanto la experiencia de Dios en la tierra como la pureza de corazón son un don del Espíritu, y a ello se refería ya la famosa profecía de Ezequiel (36, 25-27): "Repartiré sobre vosotros agua pura y seréis purificados de todas vuestras manchas y de todos vuestros ídolos. Os daré un corazón nuevo y pondré en vosotros un espíritu nuevo. Os quitaré vuestro corazón de piedra y os daré un corazón de carne. Pondré en vosotros mi espíritu y haré que caminéis según mis leyes, que observéis mis mandatos y que los pongáis en práctica...".

El camino que en la tierra conduce a la purificación del corazón y a la experiencia (visión oscura) de Dios, coincide con el camino de la contemplación cristiana. La contemplación cristiana es la experiencia viva y oscura de Dios en la historia, y su condición es un corazón progresivamente puro.

La bienaventuranza de los puros de corazón es la bienaventuranza de los contemplativos, y evoca el camino de la oración como proceso que anticipa ya en la tierra la visión de Dios.

"Bienaventurados los que son perseguidos a causa de la justicia, pues de ellos es el reino de los cielos".

Una vez más, Jesús es la encarnación de esta última bienaventuranza, que puede ser considerada como la suprema identificación con Jesús, perseguido hasta la muerte en la cruz.

Para nosotros no se trata de cualquier sufrimiento o persecución (podemos sufrir por culpa nuestra y ser perseguidos justamente), sino del sufrimiento y persecución a causa de Jesús y de su evangelio, y a causa de los valores del Reino. Esta bienaventuranza es la síntesis y la verificación de las que la han precedido.

Si somos pobres de corazón, si somos mansos, si buscamos la justicia, si somos capaces de aceptar la cruz, si somos misericordiosos, si buscamos la reconciliación y la verdadera paz, seguramente tendremos alguna forma de persecución o de incomprensión. Y si esto nos sucede, en vez de sentirnos víctimas y tener compasión de nosotros mismos y rebelarnos, deberíamos reconocer en esta situación la suprema semejanza con Cristo, en esta última bienaventuranza (ver Cap. 8, sobre la Cruz).

Por último, no olvidemos que las Bienaventuranzas no solamente son un mensaje personal a cada cristiano. Son también una exigencia a la sociedad, a la economía y a la política, para que en ellos se realicen esos valores. Son denuncia a todo sistema que hace imposible para los hombres alcanzar este ideal evangélico.

Su anuncio y testimonio por parte de los cristianos asegura en el proceso de liberación de los pobres y de la lucha social en la presencia de un "estilo" evangélico capaz de humanizarlo sin inhibirlo. Tal vez sea éste uno de los aportes indispensables del cristianismo en la liberación de América Latina.

2. LA SACRAMENTALIDAD DE LA IGLESIA (3)

La humanidad de Jesús habitada por el Espíritu fue y es la única fuente radical de la espiritualidad cristiana. Por lo mismo, y debido a la manera histórica como Cristo dispuso quedarse entre nosotros, la sacramentalidad de la Iglesia —especialmente los sacramentos y muy particularmente la eucaristía— es una fuente primordial en toda espiritualidad.

Es un lugar común decir que una de las dificultades de la búsqueda espiritual contemporánea es la necesidad y la significación de la práctica sacramental. Hay una crisis en la valoración de los sacramentos, y en su significación para la vida y tareas cristianas. Por otra parte, junto con una relativa devaluación en la participación sacramental, hay muchos católicos y comunidades cristianas que evolucionaron y transformaron muy hondamente su visión de la vida y compromiso cristianos, y que "están de vuelta": buscan seriamente la dimensión sacramental del cristianismo y de su mística. Han comprendido que la vida cristiana —aun la vida humana— se deforma sin una vertiente sacramental, simbólica y ritual.

Las razones de la crisis son complejas. En buena parte son una realización al sacramentalismo excesivo e ingenuo de los últimos siglos. El catolicismo latinoamericano se demostraba débil en conversión y en evangelización, así como en las exigencias para transformar una sociedad injusta según la fe cristiana. Un cristianismo sacramental y celebrante en una sociedad en pecado, despertó dudas y reacciones contra la relevancia histórica de la práctica religiosa-sacramental.

Mientras en la religión popular la práctica sacramental era mirada con sospecha por los agentes de pastoral (recordar la pasada discusión sobre la pastoral del bautismo), y en general sobre "o sacramentar o evangelizar" en las élites católicas (clero incluido) se iba hacia un cristianismo más secularizado. En el sentido de valorizar menos los aspectos "religiosos" de la fe y del evangelio (sacramentos y práctica religiosa) y más los aspectos "seculares" (el compromiso por transformar la realidad, la lucha social, la opción por la liberación). Aún es pronto para hacer un balance de este proceso, de características algo elitistas, pero últimamente se busca un nuevo equilibrio, y una síntesis de ambos aspectos.

La teología práctica latinoamericana, procurando responder a la excesiva "sacralización" de nuestro catolicismo popular ha acentuado las presencias de la gracia del Reino fuera de la Iglesia y de sus sacramentos: en los valores seculares, en la liberación, en los procesos históricos en las culturas, etc. Cuando esto último —que es importante— se unilateraliza y radicaliza, surgen dudas sobre el sentido de la gracia eclesial y sacramental. Aquí la tentación es separar la vida y la realidad, de Dios. El dualismo se presenta al revés.

En fin, igualmente hemos insistido en nuestra pastoral en el valor evangelizador de las liberaciones colectivas, y en cómo las liberaciones históricas tienen que ver con la anticipación del Reino de Dios. Este es un logro válido en la evangelización: salir de lo privado de la conversión y realización del Reino, para insistir en lo histórico y lo colectivo, en la realización de una sociedad justa como presencia del Reino. La tentación de esto: menospreciar la venida del Reino como conversión, como éxodo del pecado de los corazones, como camino de santidad. En ese caso, no es fácil hallar sentido a los sacramentos, y a su eficacia. Lo eficaz parece la sola lucha por un mundo mejor. Ante todo esto, es necesario reafirmar la importancia capital de los sacramentos en la pastoral y en la espiritualidad buscando una nueva síntesis que evite las fallas del pasado y del presente.

Esta necesidad se apoya en una verdad fundamental: la fuente primordial de la espiritualidad y de los valores del Reino, no es en primera instancia la realidad o el "mundo secular", sino que es Jesucristo. Sólo él es el camino, la verdad, y la vida para la condición humana tanto como para la fe.

Tanto el cristianismo como la liberación humana se fundan, en su más radical realización, tanto en el seguimiento de Cristo (Jesús como verdad y camino) como en la participación en la vida de Cristo (Jesús como vida santificadora y liberadora de la condición humana).

Jesús es vida y fuente de vida, y la espiritualidad es vida. En nuestra adhesión a Jesús se nos da su vida, que es liberadora. Este tema es tan central en los evangelios como el tema del seguimiento, especialmente en el evangelio de San Juan (V. gr. parábola del buen pastor, discurso a Nicodemo, a la mujer samaritana, en Cafarnaún, en la resurrección de Lázaro, en la última cena, etc.): Jesús es luz, vida, agua viva, pan de vida, para que nosotros tengamos la vida que él tiene. La raíz de la espiritualidad cristiana es participar en la vida de Jesús, para seguirlo.

Pero a Jesús, su vida y liberación lo encontramos primordialmente en la Iglesia como sacramento. La Iglesia es el sacramento original y privilegiado de Cristo ofrecido a la sociedad como vida y liberación. De cierta manera hay un solo sacramento, que envuelve a Jesús y su Reino, y éste es la Iglesia. Toda presencia vivificante de Jesús es un sacramento, y esta presencia se nos da globalmente en la Iglesia. La Iglesia —sacramento de Jesús—, encarnarse y concretarse en la condición humana y en la vida ordinaria, se explicita en varios sacramentos: la eucaristía, la penitencia o reconciliación, el bautismo, la Palabra de Dios que informa cada sacramento, que le da significación y que es en sí también un sacramento, la liturgia, los santos, etc. Pero los varios sacramentos no están desvinculados entre sí: son la expresión de la sacramentalidad global de la Iglesia como sacramento de Cristo. En cada sacramento cristiano se expresa la comunidad de la Iglesia; en cada sacramento cristiano se envuelve la vida y la gracia liberadora de Jesús.

Sabemos, sin embargo, que en la espiritualidad cristiana lo que llamamos sacramentos de la Iglesia (palabra y ritos) no son la única experiencia de Cristo y su gracia. Sabemos que el hermano, el pobre, la comunidad y la fraternidad, son también presencias y experiencias de Cristo y de su gracia liberadora. Son auténticos lugares de espiritualidad cristiana. Pero si el hermano y el pobre pueden devenir para el creyente experiencia de fe y fraternidad, es porque previamente el creyente ya encontró a Cristo como fuente de fe y amor, presente en la Iglesia, en su palabra y sacramentos. Si el hermano, la comunidad y el acontecimiento son para el creyente encuentro con Cristo, experiencia cristiana, es porque en realidad se trata de un re-encuentro, de la actualización de la experiencia de Cristo ya realizada de alguna manera en la sacramentalidad de la Iglesia.

Hemos dicho que los sacramentos de la Iglesia (conocidos como siete) son una manera privilegiada de la presencia eficaz entre nosotros del mismo Cristo y de su obra en favor nuestro: el Reino de Dios. El Reino de Dios liberador y santificador se nos ofrece con especial eficacia en los sacramentos, por varias razones.

a) *Los sacramentos asumen las dimensiones fundamentales de la vida y experiencia humanas.*

En efecto, la experiencia humana no es sólo lo cotidiano —que en términos cristianos corresponde a la presencia cotidiana de Dios y su Reino en la vida. La experiencia humana— toda experiencia humana— tiene momentos densos, radicales, críticos, que aparecen en el camino de la vida. En estos momentos se experimenta, a lo menos implícitamente, lo que tiene la vida de transcendente, de misterioso, y la consecuente limitación y precariedad del hombre y de la historia. Ello es la base de lo que suele llamarse la "experiencia religiosa", la dimensión religiosa de hombre. Aunque ante estas experiencias muchas gentes reaccionan no-religiosamente, o les dan una interpretación o respuesta no-religiosa, la experiencia de lo precario y finito, y al mismo tiempo misterioso y transcendente de la vida está ahí como hecho inescapable e inevitable.

Esta experiencia límite cristaliza en las grandes crisis del hombre. Especialmente en el nacimiento, en la muerte, en la entrega del amor, en la experiencia del mal y del pecado, en la experiencia de la solidaridad y la fraternidad... Pues bien, los sacramentos responden a estas experiencias cruciales del hombre, a lo que tiene la vida de más hondo y misterioso, a lo que está en la base de la experiencia al mismo tiempo limitante y transcendente en la vida (la base religiosa).

Por los sacramentos, las experiencias fundamentales del hombre quedan asumidas e interpretadas a partir de Cristo y de su acción liberadora e iluminadora. Se transforman en experiencias genuinamente cristianas y por lo tanto humanas en plenitud. Los sacramentos, que hacen eficazmente presente y tangible en el corazón de la condición humana a Jesús de Nazaret y su muerte y resurrección liberadoras, al mismo tiempo anuncian y garantizan que las experiencias humanas radicales: la muerte, el sufrimiento y el mal, la entrega del amor, el pecado, la solidaridad y fraternidad, han quedado liberadas y redimidas por Dios, y han alcanzado su verdadero sentido en la vida del hombre: pueden transformarse en espiritualidad.

Jesús y su Iglesia nos aseguran que símbolos, ritos y palabras ciertamente sencillas y ordinarias, celebrados y participados en Iglesia y con esa convicción de fe, tienen esa eficacia. Que la experiencia de la culpa y del pecado se libera y santifica en el sacramento de la reconciliación o penitencia; que la experiencia de la intimidad del amor se humaniza y toma todo su sentido en el sacramento del matrimonio; que el nacimiento es entrar también en la vida del Reino de Dios por el bautismo, ya que el hombre es más que el hombre; que la enfermedad y la muerte, por los últimos sacramentos, han quedado transfigurados, y que a causa del sufrimiento y muerte de Cristo, son la purificación decisiva de nuestro ser en vista de la resurrección; en fin, que la penosa búsqueda humana de la fraternidad, la justicia y el amor, en la eucaristía es asumida por Cristo y transformada en promesa cierta.

b) Los sacramentos son un encuentro con Cristo vivo

En los sacramentos cristianos, el simbolismo de la vida que se comunica se da bajo el símbolo de un encuentro.

Los sacramentos son la forma más auténtica con que hoy nos encontramos con Jesús, por el efecto que éstos tienen en nosotros. El mismo encuentro y el mismo efecto del encuentro de Jesús con sus discípulos en Palestina: los apóstoles en la cena, la Magdalena en el banquete de los fariseos, los ciegos y leprosos en los caminos de Galilea, el buen ladrón en el calvario... ("Toda esta gente trataba de tocarlo, porque de él salía una fuerza que los sanaba a todos" Lc. 6, 19; Mc. 3, 19, etc.).

En la medida que los sacramentos son encuentros con Cristo en el sentido bíblico —encuentro como experiencia de fe, de amor de imitación y de participación de su vida transformante— los sacramentos son de suyo liberadores y santificadores, y vuelcan sobre nosotros la misericordia de

Cristo. Pues según los evangelios, encontrar a Jesús es en sí mismo liberador de las miserias y pecados. Cuando Jesús explicitaba el perdón de los pecados, declaraba lo que ya había sucedido en el encuentro con él (Lc. 5, 20; 7, 48).

La misericordia transformadora de Jesús envuelta en los sacramentos se nos ofrece como crecimiento de fe, de amor y de vida según el Espíritu. Es el caso, por ejemplo, del matrimonio que como sacramento es un encuentro con el amor vivificador de Jesús —y cuyo símbolo es la entrega mutua de dos seres que se aman y que quieren hacer de ese amor un proyecto de vida.

En su sacramentalidad, este encuentro es santificado y consumado por el amor de Jesús por los hombres (la Iglesia), quien le transmite al matrimonio su fidelidad y fortaleza. Es el caso de la reconciliación o penitencia: el símbolo es el encuentro de Jesús misericordioso con los pecados y miserias de un ser humano. En su sacramentalidad, este encuentro del penitente con Jesús de Nazaret que perdona y purifica es tan eficaz, tangible y real como el encuentro del Jesús con la Magdalena o con el paralítico del evangelio, a quienes Jesús liberó de sus pecados. En todo caso, el encuentro del sacramento de la reconciliación —privado o comunitario— nos transmite la vida liberadora de Jesús en forma de misericordia: perdón de los pecados y culpas y purificación progresiva de las raíces de nuestras servidumbres. Es el caso de la eucaristía, cuyo símbolo es un encuentro de hermanos y hermanas, que en fraternidad celebran la muerte y resurrección de Jesús. En su sacramentalidad. Cristo se hace parte de esa comunidad fraterna, le comunica su vida de amor radical, y la estimula a luchar por la causa del Reino y su justicia hasta el sacrificio de la cruz en la esperanza de la resurrección.

En suma, los sacramentos son un encuentro liberador y santificador de manera tan única y radical que no admite sustitución ni paralelo con ninguna otra forma —personal, social, psicológica, política— de liberación humana. Cambian y liberan la raíz de nuestra vida, ahí donde se juega la libertad, la opción entre el bien y el mal, el egoísmo y el amor, donde se deciden las orientaciones esenciales de la existencia. Cambian y liberan las experiencias límites del ser humano, incluida la experiencia de la culpa, el mal y el pecado, ahí donde se revela que la vida y la muerte son un misterio, que nos son dados por otro, y que el decorrer de esta vida, que no está en nuestras manos, revela nuestra limitación y pobreza radicales.

¿De dónde proviene esta eficacia tan radical de los sacramentos como acontecimientos del encuentro con Jesús? Muy profundamente del hecho de que toda acción de Jesús resucitado sobre las personas y sobre el mundo (a través de la sacramentalidad de la Iglesia) es una acción pascual. La vida que Cristo nos transmite en los sacramentos es vida pascual: al mismo tiempo nos hace morir, y nos renueva. Morimos al mal y al pecado, para vivir según el Espíritu, en un proceso que abarca todo el camino de nuestra vida y que es propio también del camino de la espiritualidad (Cf. cap. I, 3).

La vida pascual que recibimos en los sacramentos es también la prenda de una promesa: en cada sacramento se nos da la vida eterna como participación presente y como esperanza futura. Los sacramentos son signos de liberación total porque son signos de la plena vida pascual.

Los mismos símbolos que utiliza la Iglesia en su rica sacramentalidad, significan el encuentro con una vida que regenera: el pan, el vino, el aceite, el agua, la luz... Cada símbolo contiene una forma de encuentro con la vida del Cristo pascual, y simboliza el triunfo de esta vida sobre nuestra realidad de muerte.

c) La dimensión sacramental de la espiritualidad.

La experiencia de los sacramentos es esencial como fuente de espiritualidad cristiana porque en ellos la fe encuentra todo su vigor y toda su eclesialidad. Los sacramentos suponen la experiencia de la fe, pero también la alimentan, e igualmente la revisten de su dimensión comunitaria. En la sacramentalidad de la Iglesia celebramos en común nuestra experiencia espiritual. La espiritualidad cristiana, en una palabra, es una espiritualidad sacramental.

Decimos que la espiritualidad es sacramental, porque los sacramentos van jalonando su camino, y van acompañando los momentos más densos y cruciales de su itinerario, desde la iniciación del bautismo hasta los ritos de la muerte. Muy especialmente, los dos sacramentos reiterables y de participación habitual —la eucaristía y la reconciliación— son los momentos más fuertes y eclesiales de la vida cristiana.

La dimensión sacramental de la espiritualidad, al poner a la experiencia de la fe en referencia objetiva a la vida de Cristo presente en los signos y palabras, tangibles y visibles, de la comunidad eclesial, impide que la espiritualidad se haga subjetiva, individualista, o que pierda su identidad. (Volveremos sobre esto a propósito de la relación entre la oración privada y la oración litúrgica o sacramental).

La dimensión sacramental de la espiritualidad tiene su sentido más pleno precisamente en el hecho de que los sacramentos alimentan a la espiritualidad como la fuente de agua a la hierba. La vida según el Espíritu (llamada también la vida de la gracia) tiene en los signos sacramentales su fuente más rica.

Es enseñanza cierta y constante de la Iglesia que los sacramentos son fuente y experiencia de gracia. La sacramentalidad de la Iglesia es la "patria" de la gracia. Es verdad que la gracia liberadora de Jesús se nos da de múltiples maneras —en acontecimientos, en el compromiso por un amor mayor, en valores seculares y sociales, etc.— el Espíritu sopla donde quiere. Pero en la sacramentalidad de la Iglesia la gracia se hace tangible, "garantizada" por la tradición apostólica que hoy conserva la Iglesia, y particularmente densa y liberadora. Los sacramentos son lugares privilegiados de la gracia.

¿Qué significa la gracia que se nos ofrece en la Iglesia? En primer lugar "gracia" significa lo que el hombre recibe de Dios como gratuito e indebido. La vida humana, la vocación del hombre y el sentido de su existencia, la tarea del hombre por liberarse a sí mismo y a la sociedad, todo ello son experiencias que superan la pura capacidad humana, su voluntad y aspiraciones. Todo ello tiene algo de misterioso, que nos es dado. La experiencia humana iluminada por la fe nos dice que el hombre es más que el hombre, que está llamado a la vida de Dios, que él no puede adquirir por sí mismo. Lo más profundo del hombre, su vida humana, y su vida según el Espíritu, en sus raíces los recibe de Dios como don gratuito e indebido. Como gracia. Dios tiene la iniciativa y la prioridad en nuestra vida.

La misteriosa gratuidad de la condición humana, en lo que tiene de más profundo, se aprecia sobre todo en las experiencias superiores del hombre: la amistad, el enamoramiento, la entrega a una causa sin egoísmo, lo trágico, el mal, el sufrimiento y la alegría. En todas estas experiencias hay un dimensión de gratuidad, de indebido, de misterio, que supera todo esfuerzo puramente terreno, y que abre a una transcendencia que es más que el hombre.

Estas realidades son anunciadas (recordadas) y comunicadas por los sacramentos, que son signos de la intervención gratuita y transformadora de Dios en nuestra vida. Los sacramentos dan sentido último al misterio de la vida como vida de gracia. Más aún, nos permite vivir estas experiencias

113

en toda su plenitud, como verdaderos seres humanos, al modo de Cristo y por la fuerza de su gracia.

En segundo lugar, "gracia" tiene que ver con la relación íntima con el absoluto, con Dios, a que el hombre está llamado. Esta relación eminentemente liberadora, crece y se profundiza en la medida que nos revestimos de Cristo, y vivimos como hijos de Dios. Es precisamente la gracia, cuya "patria" es la sacramentalidad de la Iglesia, la fuente primordial que nos reviste de Jesús, haciéndonos "hombres nuevos" y progresivamente liberados de todo pecado y alienación y transformados en hijos de Dios. La gracia es la vida de Jesús en nosotros que nos hace sus seguidores. Todo esto supera nuestras fuerzas y posibilidades: no podemos suprimir el pecado, no podemos vivir como Jesús. Todo esto requiere entonces una vez más, de la intervención gratuita del amor liberador de Dios en nuestras vidas. Esta intervención se nos da privilegiada y visiblemente en los sacramentos, que son la forma histórica de nuestro encuentro con Jesús, único signo cierto y confiable de nuestra vocación a la plenitud y a la intimidad con Dios a la que estamos llamados.

La dimensión de gratuidad de la vida y compromisos humanos (aun en las tareas históricas: la liberación auténtica se nos da como don), significada por la sacramentalidad cristiana, es difícil de comprender, y más aún de vivir, en la cultura occidental contemporánea, marcada por la sobrevaloración de la eficacia inmediata y mensurable, por la productividad y el pragmatismo. De ahí la dificultad de integrar los sacramentos en el trabajo y en las luchas, con su dimensión propia de gracia, don, celebración y liberación radical de la vida, de cada vida humana. La tentación es hacer de los sacramentos (la eucaristía especialmente) sólo una plataforma de lanzamiento para la acción y el compromiso, o una pedagogía religiosa para la concientización de los militantes. Esta perspectiva continúa, con otras preocupaciones, la visión puramente moralizante de los sacramentos.

Pero el significado de los sacramentos en la espiritualidad, ya lo hemos vislumbrado, es mucho más profundo y decisivo.

Dios es inmanipulable, irreductible a nuestros puros desafíos y tareas. El Dios cristiano, el "Dios para nosotros" no sólo es "ayuda" y vida, sino que debe ser reconocido y amado por sí mismo. Y esta actitud, aptamente expresada en la oración y en los sacramentos cristianos, es para nosotros profundamente liberadora: nos humanizamos en la medida que dejamos a Dios ser Dios, amor gratuito e inmanipulable y por lo mismo capaz de dejar al hombre ser plenamente hombre, libre e inmanipulado a su vez.

Tal vez la dificultad que tenemos de aceptar los sacramentos como don y gracia misericordiosa de Dios, nos viene de la extrema dificultad del hombre para aceptar la bondad de Dios y su gracia, sin mérito de nuestra parte, y su salvación liberadora como don. Dios no es un "contador" o un gerente de "producción", y las experiencias más profundas de la espiritualidad cristiana son santificantes y liberadoras a causa de la pura bondad de Dios (Mt. 20, 1-16).

Los sacramentos no sólo nos dan la energía de Cristo para nuestras luchas y compromisos (eso también es verdad), sino que más hondamente anuncian y ofrecen como gracia, el hecho que las luchas, los compromisos y toda la realidad humana ya están redimidos y liberados por Cristo, en su raíz. Los sacramentos no son sólo la celebración de la vida, sino la celebración de la vida redimida. No son sólo la celebración de las luchas de un pueblo, sino la celebración de que Jesús asumió esas luchas, y está presente en ellas como fuente de esperanza eficaz.

Los sacramentos son los signos que cristalizan y encarnan en la espiritualidad la misteriosa alianza entre Dios y la libertad, entre Dios y la historia. En los sacramentos se condensan la gracia gratuita como liberación de Dios, y la libertad, tareas y luchas del hombre. Por eso la espiritualidad tiene una dimensión sacramental, que la ayuda a resolver las grandes tensiones de la experiencia cristiana: la tensión entre la gratuidad de la gracia y la eficacia de las tareas humanas; la tensión entre las luchas y compromisos y la necesidad de fiesta y celebración.

La sacramentalidad de la espiritualidad cristiana responde a esta pluridimensión de la existencia humana: plenitud personal (santificación); lucha y compromiso, contemplación y política. Los sacramentos en la vida humana evitan las des-humanizaciones que provienen del cultivo de sólo algunas dimensiones del hombre. Nos recuerdan que la única dimensión incluida en todas las experiencias humanas es la experiencia de la fe. Ni lo político, ni la sexualidad, ni lo económico, son dimensiones incluyentes de toda la vida de los hombres. Son dimensiones fundamentales, englobantes de otras, pero nunca incluidas en todas las experiencias vitales. Ese es el privilegio de la experiencia cristiana, que en los sacramentos prioritariamente realiza la síntesis, siempre dinámica e incompleta, entre la experiencia de la fe y las diversas experiencias que viven los cristianos: política, familiar, amorosa, festiva, etc.

Los sacramentos son necesarios porque son el lugar privilegiado en que reconocemos y experimentamos que Dios es la fuente radical aun de nuestra acción, de nuestros compromisos y de nuestras opciones. Que éstos son también un don de Dios; que Dios es más grande que nuestro corazón, que nuestras luchas están radicalmente en sus manos, y que la vida toda está atravesada de su misericordia.

La eucaristía y la penitencia

En la práctica ordinaria de la espiritualidad, los sacramentos de participación habitual son la eucaristía y la reconciliación o penitencia. Sobre todo la eucaristía, que es el sacramento de nuestro encuentro con Cristo por excelencia.

En la eucaristía se verifica todo lo que más arriba hemos dicho de los sacramentos, pero de manera privilegiada. De hecho, todos los demás sacramentos conducen a la eucaristía. Pues la eucaristía no es sólo la presencia sacramental del Espíritu de Cristo: es la presencia real de Cristo. La eucaristía no es sólo la aplicación en la comunidad cristiana del dinamismo pascual de muerte y renovación: es la celebración sacramental de la misma pascua, es el sacrificio de Cristo sacramentalizado en el corazón de la comunidad, con su gracia de muerte, renovación y participación de la vida del Espíritu. La eucaristía no sólo nos transmite la vida de Cristo: en ella comulgamos realmente con Cristo mismo, que transforma nuestra vida en la de él. La eucaristía no es sólo una gracia de amor y de entrega a los demás, una gracia fraternal para la comunidad que celebra: es la renovación del amor y de la entrega de Cristo al Padre y a los hermanos, que arrastra consigo a toda la comunidad en esta entrega. La presencia de Cristo en la eucaristía es la de un "cuerpo entregado" y la de una "sangre derramada".

Por eso no nos equivocamos al decir, con la Iglesia, que la eucaristía es la fuente más importante de la espiritualidad cristiana; es fuente insustituible. Ella concentra todas las demás fuentes del Espíritu. De ahí que la Iglesia nos exhorta continuamente a motivar y reavivar nuestra fe en la eucaristía, a fin de participar en ella lo más habitualmente posible.

La eucaristía y la penitencia deben tener una presencia equilibrada en la espiritualidad cristiana. No siempre ha sido así en algunos momentos de la historia. En épocas pasadas, la participación en la eucaristía se hizo sólo ocasional (era una especie de "lujo espiritual"), y en cambio la penitencia se reiteraba continuamente. Más que un sacramento, la penitencia era una devoción. De hecho, en muchos períodos, sustituyó a la eucaristía en la práctica cristiana.

Contemporáneamente, vemos que la tendencia es al revés. La práctica de la eucaristía se ha revalorizado, y en cambio la penitencia ha decaído considerablemente. Aquí, la eucaristía parece haber sustituido a la penitencia.

La verdad es que los dos sacramentos deben estar presentes en la práctica cristiana, equilibradamente, y sin sustituirse mutuamente. Es verdad que de suyo la eucaristía es más excelente que la penitencia, y que la eucaristía ha de ser participada más habitualmente que la penitencia. Pero, aunque de forma más espaciada, la participación en el sacramento de la reconciliación no puede ignorarse ni posponerse indefinidamente, a riesgo de perder una dimensión muy significativa de la espiritualidad.

En la estructura sacramental del cristianismo y de la salvación, Cristo hizo de la penitencia el "lugar" pleno y decisivo de la reconciliación del hombre con Dios. Es el lugar donde la conversión a Dios, y la reconciliación con él y con los demás, se hace un acontecimiento real en nuestras vidas. En la penitencia, real y sacramentalmente nos arrepentimos y convertimos a Dios, y Cristo real y sacramentalmente recibe nuestra conversión y nos entrega su gracia de amor y misericordia.

En la penitencia, el encuentro vivificante y pascual con Cristo toma la modalidad del perdón y la misericordia. Es verdad que podemos —más aún, debemos— arrepentirnos y pedir perdón a Dios continuamente, fuera del sacramento de la penitencia. Pero estos arrepentimientos tienen en su misma naturaleza y dinamismo una tensión, una convergencia hacia el sacramento del arrepentimiento y del perdón, donde la reconciliación queda plenamente confirmada, y el encuentro entre la miseria y la misericordia se hace acontecimiento salvífico y eclesial.

El sacramento de la reconciliación, además, envuelve otra gracia especial: la gracia de morir con Cristo. Como en ninguna otra experiencia de conversión, el Espíritu Santo nos identifica con la muerte de Cristo, que en nosotros significa morir a los egoísmos, pecados, y más aún, a las raíces, a las tendencias profundas al mal que quedan en nosotros, y que sólo el Espíritu puede arrancar.

Pero esto lo sabemos también por la experiencia: la auténtica participación en la penitencia es siempre un volver a empezar, es un fortalecimiento de nuestro espíritu de superación de las fallas y tentaciones, y es una experiencia espiritual muy profunda de encuentro con el rostro misericordioso de Jesús.

La sacramentalidad como estructura de gracia social

La Iglesia ha denunciado la situación social de América Latina, como "pecado social", "pecado institucionalizado", "estructuras de pecado" (Medellín, Puebla). Lo que se quiere decir es que en la sociedad y cultura latinoamericana: las diversas formas de violencia, la distancia creciente entre ricos y pobres, las injusticias laborales, la marginación de grandes mayorías, la discriminación social y racial, el abuso de la mujer ...son deshumanizantes; y son pecados que no dependen sólo de pecados privados o de pecados ocasionales. Aquí la situación pecaminosa es sistemática, predominante, pública. Generada por la misma institución social, económica y política, y reforzada por la mentalidad cultural predominante, y por la corrupción administrativa.

Lo más grave es que todo ello lleva al adormecimiento de las conciencias, a la desesperanza, a la pérdida de la dignidad, sobre todo de los pobres y oprimidos.

Pero las estructuras del pecado social no se dan sólo en las situaciones de América Latina. Se dan igualmente en las guerras modernas, en los genocidios, en los campos de concentración, en la situación de los inmigrantes en países ricos, en el racismo, etc.

A partir de los diversos hechos que hoy experimentamos como pecado social o las estructuras de pecado —desde los campos de exterminio hasta las minas de estaño en Bolivia— se puede entender mejor lo que significa la sacramentalidad de la Iglesia y la gracia liberadora que contiene. Los sacramentos son las némesis del pecado social y estructural. En ellos la gracia se da como estructura de esperanza y de gracia liberadora.

Expliquémonos. Existen los pecados e injusticias privados personales. Como en todo pecado, éstos se liberan por la gracia de Cristo, que lleva a la conversión personal. A este nivel, la confrontación entre el pecado y la gracia liberadora queda como escondida en el misterio de la libertad. Su repercusión social, aunque siempre real (pues todo pecado afecta de alguna manera a los demás) no es, con todo, estructural y socialmente deshumanizante.

El pecado social, el "pecado del mundo", en cambio, contiene deshumanizaciones colectivas y masivas; configura signos públicos e históricos de desesperanza y opresiones sociales. Por eso han recibido tanta atención en la Iglesia contemporánea. Las estructuras de pecado es la forma moderna más grave con que se reviste hoy el pecado del mundo. Y no nos referimos sólo a los pecados económicos-sociales, sino también a los pecados contra la vida, contra la familia, a la corrupción del amor y del sexo, al armamentismo, a la des-humanización de la técnica, etc.

Ante las estructuras del pecado una espiritualidad privada y una conversión puramente personal no son suficientes para revelar y hacer eficaz la gracia liberadora de Jesús, que quiere transformar no sólo al interior del ser humano sino las estructuras del mundo. Por eso la salvación de Jesús opone a unas estructuras de pecado, unas estructuras de gracia; al pecado social opone la "gracia social". La gracia social —las estructuras de gracia— se nos dan en la sacramentalidad cristiana.

Los sacramentos son la expresión visible, eficaz y esperanzadora de que la realidad no es sólo pecado estructural, sino que está también decisivamente impregnada de estructuras de gracia liberadora. Pero ello tiene que hacerse visible y experimentable, pues la realidad de las estructuras de pecado es sumamente visible y oprimente. En los sacramentos, la gracia que atraviesa las realidades sociales se hace visible, y colectivamente experimentable. Por eso pueden mantener una esperanza colectiva, y pueden mantener también la conciencia y la dignidad humanas intactas en medio del mal.

El tema del mal moral, del pecado del mundo y del pecado original es importante en el cristianismo y también en cualquier experiencia humana.

La enseñanza católica sobre el pecado original (pecado del mundo) es bien conocida: los hombres somos solidarios en el pecado. Hay una raíz original de pecado, egoísmo e injusticia en el corazón humano, en la sociedad y en la historia. Esta afirmación no es sólo una verdad de fe. Es también históricamente verificable; el mal, el egoísmo, la explotación del hombre por el hombre son una realidad permanente, inseparable para la condición humana. Una de las expresiones más evidentes de esto son las estructuras de pecado. Las estructuras de pecado no tienen explicación radical en los puros sistemas económicos, políticos o culturales, ya que reaparecen de nuevas maneras en nuevos sistemas. Las estructuras de pecado tienen una raíz de solidaridad en el mal, que llamamos pecado original. Su evidencia es demasiado universal y notoria para que pueda ser ignorada.

Pero el pecado original no es el centro de la experiencia cristiana. El centro de la fe cristiana —que a su vez influye en toda la experiencia de la historia— es Jesucristo y la redención y liberación que él nos trajo. Es afirmación elemental de la fe que con su pascua Jesús nos liberó del pecado. De una vez para siempre. Esta liberación habita en Jesús resucitado, que con su gracia liberadora "ilumina a todo hombre que viene a este mundo" (Jn. 1, 1 ss.). El Espíritu de Cristo actúa hoy en la raíz de la historia, del corazón humano y de la sociedad, produciendo un dinamismo de gracia contrario al dinamismo del pecado.

A esto llamamos liberación original. A causa de Cristo, hay en la condición humana una solidaridad de gracia y fraternidad, y no sólo de pecado. El pecado original ha dejado de ser protagonista de la historia. Los hombres son solidarios no sólo en el mal y en el pecado, sino más hondamente en la gracia liberadora y en el Espíritu de Cristo.

Más aún, creemos que la liberación radical que Cristo nos ofrece es más fuerte y definitiva que el pecado del mundo, en la medida que la gracia es más fuerte que el pecado. San Pablo nos recuerda que "donde abundó el pecado, sobre-abundó la gracia", queriéndonos decir que la liberación original, y no el pecado original, es la realidad decisiva de la experiencia humana.

Pero parece que esto no fuera verdad, ya que muy a menudo la fuerza del pecado es dominante, y la afirmación de que los seres humanos estamos radicalmente liberados aparece muy débil en la experiencia y en las explicitaciones visibles. La explicación de esto es también suficientemente sabia: cada ser humano debe convertirse, debe apropiarse y actualizar para sí la gracia liberadora. La liberación original es un camino de seguimiento de Jesús, que llamamos espiritualidad. La liberación original no es automática; debe ser aceptada. Y para que sea aceptada debe ser reconocida, experimentada, y debe tener la suficiente visibilidad histórica como para ser socialmente reconocida.

La raíz del pecado emerge en la historia a la manera de estructuras de pecado. La raíz de la gracia liberadora emerge a su vez a la manera de estructuras de gracia. No es suficiente la gracia escondida y privada, actuante en el corazón humano para expresar que la liberación radical de Cristo ya está en marcha y es ofrecida a todos. Ni para expresar que esta gracia liberadora se da para la historia y la sociedad de modo estable y experimentable. La gracia liberadora requiere estructuras de gracia que anuncien con eficacia que las estructuras de pecado ya están radicalmente vencidas.

Estas estructuras de gracia son los sacramentos. Es la estructura sacramental del cristianismo. Es el sacramento de Cristo presente en la Iglesia, en la comunidad, en los pastores, en la palabra, en los signos de gracia, en la eucaristía... La sacramentalidad cristiana es la gracia liberadora que emerge desde la opresión del pecado. Es la gracia estructurada, arraigada en el desierto del mal.

En los sacramentos, el amor y la fraternidad se nos ofrecen como estructura de gracia permanente puesto que el odio y la división se dan como estructura de pecado permanente. En los sacramentos, el perdón y la reconciliación se nos ofrece como estructura de gracia ya que el sectarismo y la crueldad se dan como estructura de pecado. En los sacramentos la justicia del Reino se nos ofrece como estructura de gracia ya que la explotación y la injusticia son estructurales. En los sacramentos el amor y la misericordia se hacen estructuras visibles, ya que el mal es visible y estructurado. En los sacramentos se nos da la liberación como estructura de gracia ya que las servidumbres son estructurales. Se nos da la vida como semilla de gracia ofrecida permanentemente a todos ya que la muerte alcanza a toda la condición humana.

Los sacramentos son el presente de nuestro futuro. En nuestra esperanza y anhelo de bondad y liberación hecho acontecimiento presente ya que la des-esperanza es la tentación de los males presentes.

123

3. El testimonio de la Iglesia

Las fuentes de espiritualidad que brotan del Espíritu de Cristo resucitado, que habita la Iglesia, no se agotan en la Palabra y en la sacramentalidad. El Espíritu que actúa en la comunidad eclesial también suscita testigos vivos del seguimiento fiel y heroico de Jesús. Esos hermanos y hermanas nuestras, son los santos y los mártires, que la Iglesia nos ofrece como ideal de cristianismo y como testimonio inspirador de espiritualidad. Los santos, y no sólo los que fueron canonizados, sino todos los seguidores de Cristo que a través de la historia dieron en sus comunidades un testimonio auténtico de vida cristiana, fueron y son para nosotros una fuente de mística y espiritualidad.

Los santos

Para el cristianismo, el santo es la encarnación del ideal al que la Iglesia nos empuja y guía, pero que rara vez ella misma logra realizar en el conjunto de sus miembros. Dentro de la naturaleza simbólica y profundamente humana del catolicismo, el santo es el símbolo de la vida evangélica, visualizada y puesta al alcance de todos, señalándonos el modo de seguir a Jesús en los diversos contextos culturales e históricos, y la manera de vivir según el Espíritu en las diversas coyunturas y desafíos.

El santo es el comentario vivo del evangelio escrito. Es el evangelio anunciado en la vida de un hombre, que estuvo sometido como nosotros al pecado, a la tentación y a la búsqueda de Dios en la fe.

Cuando la Iglesia considera a alguien un santo, por ese hecho se identifica con él. Quiere decir que declara que él encarna el auténtico cristianismo, y que puede ser imitado como fuente de espiritualidad. La Iglesia no se identifica —en ese sentido— ni con obispos, ni papas, ni teólogos ni militantes, a no ser que ellos sean santos. En este sentido la Iglesia es santa: es infalible en suministrar las fuentes de la santidad, y en proponer los ejemplos de santidad.

Así, la Iglesia tiene dos maneras de identificar el auténtico cristianismo: mediante su enseñanza y tradición espiritual, garantiza la verdad del ideal cristiano (ortodoxia); proponiendo a los santos, garantiza la verdad de la práctica cristiana (ortopraxis). La vida de los santos encarna aquello que el magisterio propone como verdadero cristianismo.

El testimonio viviente de los santos se prolonga después de su muerte. Los santos son una realidad viva en la comunidad cristiana. Podemos relacionarnos con ellos. Pueden ser nuestros amigos y compañeros en el camino de nuestra vida. Esta "comunión de los santos", que del lado nuestro se expresa como "devoción a los santos", es antes que nada una comunión de amor y una gracia de imitación. La devoción a los santos se deforma cuando vemos en ellos como un sustituto de Jesús, como un super-hombre que no vivió igual que nosotros, como un poder celestial que se toma como fuente de milagros y no como fuente de seguimiento de Jesús.

De entre los santos, solamente uno representa una devoción universal y necesaria. Solamente uno encarnó la vida según el Espíritu con absoluta fidelidad: María, la madre de Jesús.

La Virgen María (4)

En este punto no vamos a hablar de mariología, sino de la relación de María con la espiritualidad cristiana. Desde este punto de vista, tampoco podemos abordar la enorme variedad y riqueza con que la devoción a María se ha ido revistiendo en la tradición cristiana, y en la experiencia del pueblo creyente, particularmente en América Latina.

Más bien queremos recordar los hechos fundamentales en que ha de radicar cualquier auténtica devoción a María.

a) María es la perfecta encarnación de la espiritualidad cristiana. En este sentido la Iglesia la llama el "tipo del cristiano" o el "tipo de la Iglesia". María es la perfecta seguidora de Jesús, desde el anuncio del ángel hasta el pie de la cruz. María se dejó conducir sin reservas por la vida del Espíritu; estaba llena del Espíritu Santo (Lc. 1, 35).

María vivió su plenitud de santidad como una creatura normal. Es decir, caminó en la fe, escuchó la palabra de Dios, la acogió en su corazón y fue absolutamente fiel a ella (Lc. 2, 19. 51, etc.). Vivió en el espíritu de las bienaventuranzas hasta el punto que los evangelios la señalan como la gran "bienaventurada", para todas las generaciones (Lc. 1, 45, 48; 11, 27 y 28).

La absoluta fidelidad de María se teje en medio de las perplejidades, oscuridades y conflictos propios de la fe (Lc. 1, 34; 2, 19; 2, 41-51). Como Jesús, experimentó la tentación y la cruz (Lc. 2, 35) y a través de ellas se identificó como ningún otro discípulo con la misión y la redención de su hijo Jesús.

La posición privilegiada de María en la Iglesia y en la espiritualidad arranca de su total fidelidad a la Palabra y al plan de Dios. Por eso queda ella para siempre como el mejor modelo para aprender a ser cristianos.

b) María significa la presencia del amor materno de Dios entre nosotros. Sabemos que María es la madre de Cristo, por eso la madre de Dios. Que es madre de la Iglesia en todos y cada uno de los creyentes. Que es madre de todos los hombres. María es madre por el Espíritu, y esta maternidad divina es el valor englobante de todas sus gracias y privilegios.

Pero es igualmente el valor que cualifica su papel en la Iglesia y en la espiritualidad cristiana. Por ser María discípula de Jesús y seguidora de él como nosotros, es nuestra hermana y compañera. Por ser madre de Jesús y nuestra, es el símbolo eficaz del amor maternal de Dios hacia nosotros. En ella experimentamos de modo particular los rasgos femeninos del amor de Dios: su delicadeza, su ternura, su proximidad afectiva, su profundidad y misterio. Es verdad que el amor de Dios revelado en Jesucristo siempre es así, con o sin María; pero desde nuestro lado, dado que sólo podemos percibir ese amor al modo humano y sensible, Dios se ha servido también de María como madre y mujer, para ayudarnos a entender su amor.

Si a nuestra espiritualidad le faltara el "toque" femenino y maternal de María, correría el peligro de des-humanizarse, de perder lo afectivo y espontáneo con que suele revestirse. María asegura que la misma Iglesia sea una familia cálida, pues es propio del carisma femenino crear vida y circulación de vida y amistad. María, signo del rostro femenino de Dios, ayuda también a la Iglesia y su espiritualidad a liberarse de las rigideces y racionalismos que a menudo suelen apagar la vida del Espíritu.

c) Los privilegios y gracias especiales de María son para nosotros la esperanza de que la vida de Cristo en nosotros llegará un día a su plenitud.

Sabemos que María tuvo gracias especiales: fue preservada absolutamente del pecado, aun en su concepción; fue llevada al cielo inmediatamente después de su muerte... Estas gracias extraordinarias a veces nos distancian de María, y la hacen aparecer como alguien ajena a nuestra raza y condición humana.

Pero la auténtica espiritualidad cristiana nunca des-humanizó a María, como nunca des-humaniza a Jesús a causa de su divinidad. Aun con sus gracias especiales, María es también nuestra hermana: ella vivió estos privilegios en lo ordinario de la vida de su tiempo, en la pobreza y opacidad de Nazaret, y en la oscuridad de la fe.

Más aún, sus gracias extraordinarias serán un día compartidas por todos nosotros, sus hermanos y hermanas, una vez que el camino de la espiritualidad, después de la muerte, llegue a su término con la resurreción y visión de Dios. Nosotros también estamos llamados a ir al cielo con nuestro cuerpo; también estamos llamados a una purificación absoluta de todo pecado... María se nos ha adelantado, y por eso es para nosotros un signo de esperanza viva de que esas promesas de Dios han de cumplirse en nosotros. María es así el "tipo" de nuestra vida futura.

d) La revelación en María del rostro maternal de Dios la hace especialmente presente en la espiritualidad de los pobres y oprimidos. Es entre ellos donde su misericordia femenina se revela y es acogida en toda su significación. En la espiritualidad latinoamericana, María es la madre y la hermana y la compañera y la esperanza de los pobres. Desde su irrupción en el rostro mestizo de María de Guadalupe, María ha sido "adoptada" por nuestro pueblo como signo de esperanza y liberación cristiana. Los pobres y sufrientes de nuestra tierra perciben en ella el amor solidario del Dios de los pobres y de la justicia, que "reivindica a los pobres y humildes y derriba de sus tronos a los ricos y soberbios de corazón" (Lc. 1, 51-55).

4. EL ROSTRO DE NUESTRO HERMANO

Nuestros hermanos y hermanas, nuestros prójimos, son la otra fuente indispensable de la espiritualidad cristiana. Todas las anteriores fuentes del Espíritu y de la vida cristiana quedarían deformadas, si no nos llevaran a la práctica del amor fraterno. La prueba decisiva de nuestro seguimiento de Jesús y de que vivimos según el Espíritu, es que amamos a nuestros hermanos (I Jn. 2, 7-11; 4, 7-16).

Todavía más, el prójimo es fuente de experiencia espiritual no sólo porque es la mejor verificación de que vivimos según el Espíritu de Jesús, sino también, y sobre todo, porque él es un "lugar" privilegiado de nuestro encuentro y experiencia de Dios. Al amar al prójimo amamos a Dios, y nuesta entrega y servicio al prójimo por un "amor mayor" funda una auténtica experiencia espiritual.

Desde que Dios se reveló como Padre de todos los hombres, y Jesús se identificó con cada uno de nuestros hermanos y hermanas (Mt. 25, 40), mi prójimo es para mí como un sacramento de Dios; en el rostro de mi hermano encuentro algo del rostro de Jesús. Y desde que Dios se revela preferentemente como el Dios de los pobres, y Jesús quiso identificarse preferentemente con ellos (Mt. 25, 40), en el rostro del pobre encuentro el rostro de Jesús de manera privilegiada.

El amor fraterno y el servicio del pobre como fuentes de mística cristiana son de tal importancia, que su elaboración adecuada desbordaría los límites de este capítulo. Volveremos sobre el asunto ampliamente al tratar, más adelante, sobre la contemplación y el compromiso (cap. V), la fraternidad (cap. VI) y el sentido del pobre (cap. VII).

Por ahora nos basta con señalar que el amor al hermano es efecto y fuente privilegiados de espiritualidad cristiana.

NOTAS AL CAPITULO III

1. DUPONT J., *Las bienaventuranzas*. Ed. CEP. Lima: GALILEA S., *Espiritualidad de la evangelización según las bienaventuranzas*. Ed. CLAR. Bogotá 1980, 2a. ed.
2. JUAN PABLO II, *Dives in misericordia*, encíclica. Ed. Paulinas. Bogotá. 1980.
3. FLORISTAN C. MALDONADO L., *Los sacramentos, signos de liberación*. Madrid 1978; GALILEA S., *Renovación y espiritualidad*. Ed. Indoamerican Press. Bogotá 1981. (c. 8 y 9).
4. *Documento de Puebla* (282-303); PABLO VI, *Marialis cultus*. Ed. Paulinas. Bogotá 1974. BOFF L., *El rostro materno de Dios*. Ed. Paulinas. Madrid. 1979.

9. El camino de la espiritualidad

IV

La conversión cristiana

1. LA LUCHA CONTRA EL MAL

Dios Padre llama a todos los hombres a seguir a Cristo conducidos por el Espíritu. Nuestra respuesta, que es la espiritualidad cristiana, comienza por la fe, que animada por el amor desencadena la conversión.

La conversión cristiana es la firme decisión acompañada por los medios adecuados, de ponernos en marcha para seguir a Jesús. La conversión es siempre una ruptura, un cambio. Un cambio de la mentalidad: comenzamos a guiarnos por los criterios de la fe y el evangelio, y no por los criterios del "mundo y de la carne", encerrados en sí mismos. Un cambio de práctica y de actitudes: comenzamos a actuar a imitación de Cristo, y no según el egoísmo, los ídolos y las "pasiones". Más profundamente, la conversión cristiana es "nacer de nuevo" según la vida del Espíritu que nos reviste de Cristo.

La conversión cristiana es una decisión y crisis (ruptura) inicial, pero es igualmente un largo proceso que toma toda la vida, en coherencia con el mismo proceso del seguimiento de Jesús. En este proceso de crecimiento hay crisis, nuevas decisiones y rupturas, momentos fuertes. El itinerario de la conversión es el itinerario de cada espiritualidad individual.

El pecado y la ceguera (1)

La primera decisión y consecuencia de la conversión es la superación del pecado, a lo menos de los pecados conscientes. El pecado es la única realidad incompatible con la vida según el Espíritu y con cualquier progreso espiritual. Por eso la primera condición de la vida cristiana es la lucha contra el pecado y el mal que hay en cada uno de nosotros. Para ello contamos con las fuentes de la gracia y liberación de Jesús, que la Iglesia nos ofrece.

El pecado es el mal del hombre por excelencia. No sólo nos impide el ponernos en movimiento para seguir a Jesús. El pecado también nos des-humaniza, hace que el hombre sea menos que el hombre. Lo que es peor, el pecado grave, como ruptura deliberada y total con Dios, los hermanos y nosotros mismos, nos pone en peligro de la des-humanización y condenación radical.

También debemos luchar contra las infidelidades y pecados pequeños. Ellos debilitan nuestra fuerza moral, nuestra capacidad de superación y la decisión de seguir a Jesús. Nos insensibilizan ante los grandes valores humanos y cristianos y ante las mociones del Espíritu. Nos asimilan al "espíritu del mundo", embotando nuestros criterios evangélicos y haciéndonos vulnerables a proceder "según la carne" y no según el Espíritu. En fin, nos privan de la verdadera paz interior.

La ceguera es una modalidad de nuestra condición de pecadores. La ceguera no es el pecado deliberado, pero está ligado a él: es la forma más alta de la insensibilidad del espíritu. La ceguera es no ver, no percibir nuestro egoísmo, nuestras fallas, los puntos en que debemos superarnos. El pecador es también ciego: no percibe el mal en él. Salir del pecado es un primer lugar "ver". La conversión comienza por una toma de conciencia, por una luz.

Somos responsables de nuestras cegueras, a lo menos indirectamente, por nuestra negligencia en acudir a los medios que nos transmiten luz, y que están contenidos en las fuentes de la espiritualidad. Los pecados inconscientes, las omisiones, la incapacidad de superar crisis y tentaciones, tienen como antecedentes próximos o remotos nuestra ceguera.

No es sorprendente entonces que la salvación que nos trae Jesús aparezca muy a menudo en los evangelios como liberación de las cegueras y como transmisión de la luz. Cristo aparece como luz que quiere disipar las tinieblas (Jn. 1, 4-9; 8, 12. 31 ss.; etc.). El ha venido a dar vista a los ciegos (Lc. 4, 18; 7, 22; Jn. 9, 1 ss. etc.).

En sus lamentaciones de los ricos, los satisfechos y los que ahora ríen (Lc. 6, 24-26; 18, 24), Jesús deplora la condición de los ricos y poderosos, y la dificultad de su conversión, no porque sean necesariamente pecadores, sino porque son ciegos. No ven dónde están los verdaderos bienes, no ven las necesidades de los demás, no ven las implicaciones de su fe.

Convertirse y seguir a Jesús es salir progresivamente de todas nuestras formas de ceguera.

La tentación

La lucha contra el mal y el trabajo de la conversión no terminan nunca, porque las tendencias y raíces del egoísmo y ceguera en nosotros nos acompañan hasta el día de la muerte. Estas tendencias y raíces, que es el pecado latente en nosotros, quieren surgir de maneras siempre nuevas; quieren seducirnos hacia el mal y la infidelidad.

Esta es la tentación y los diversos rostros de las tentaciones. La tentación no es ni el pecado ni el mal, sino tan sólo su seducción. En este sentido el mismo Jesús conoció la tentación, ya que ésta no es incompatible con su absoluta santidad: la tentación es parte de la condición humana que Jesús asumió, salvo el pecado (Lc. 4, 1-13; 22, 39-44).

De ahí que la tentación sea condición normal de la vida cristiana. Cualquier forma de tentación: nadie está exento, aun en las etapas superiores de la espiritualidad, de las tentaciones humillantes. No querer tentaciones es la forma sutil del orgullo. Y la lucha contra las tentaciones es la forma más habitual con que luchamos contra el mal en el proceso de nuestra conversión.

Los evangelios nos presentan la tentación de Jesús como provenientes del exterior (el demonio Lc. 4, 1-13) o de su condición humana como tal (Lc. 22, 39-44). En Jesús no había raíces y tendencias interiores hacia el mal, que en nosotros son fruto del pecado, original y personal. Nosotros tenemos esas raíces, que los maestros espirituales suelen identificar como el "querer poseer" (cosas, riqueza, placeres, personas...); el "querer valer" (diversas formas de vanidad, de prestigio...); "querer ser" (el egoísmo fundamental que sustituye a Dios y a la fraternidad...). Estas raíces pueden surgir continuamente como tentación, como sustitución del modo evangélico de canalizar estas tendencias, por el modo de actuar según "la carne" y el egoísmo, fuentes de pecado.

La lucha contra las tentaciones es la lucha por ser, valer y poseer según el humanismo del Espíritu.

La abnegación cristiana (2)

Más allá del pecado, Jesús presentó la conversión y el seguimiento cristianos como sacrificio de sí mismo, como abnegación y como el "tomar la cruz de cada día". Para él, el camino del Espíritu es un combate, nos hace violencia, es entrar por la puerta estrecha (Mt. 7, 13; Lc. 9, 57-62; Mt. 10, 25-36; 11, 12; 16, 21-24; 17, 15; Jn. 12, 24-26).

La espiritualidad cristiana tiene una dimensión de muerte y de abnegación del "hombre viejo" para vivir según el Espíritu del "hombre nuevo", aun después de haber dejado el pecado. Esta dimensión ha sido denominada por la tradición espiritual de la Iglesia como la ascética cristiana.

La abnegación o ascética cristiana va más allá de la pura renuncia al mal y al pecado. Esta última renuncia puede ser el objeto de una "ascética natural" o de cualquier humanismo sano. Renunciar sólo al mal aún no es espiritualidad cristiana. Esta va más allá: nos lleva ocasionalmente aun a renunciar a lo legítimo, en vista de imitar mejor a Jesús y de buscar a un Dios siempre mayor.

La ascética cristiana como renuncia a valores legítimos constituye lo más específico del testimonio cristiano: al renunciar a ellos revelamos la naturaleza escatológica de la vida humana, que apunta a valores superiores. Al renunciar a lo legítimo damos testimonio de nuestra fe en los valores del Espíritu y de nuestra esperanza en el Reino por venir como único valor absoluto.

La ascética cristiana tiene varias motivaciones válidas, a partir de la vocación de seguir a Jesús, y no sólo de vivir una ética natural. En primer lugar es una necesidad del amor que quiere identificarse con la vida de Cristo. Esta motivación es usual en muchos santos, que renunciaban aun a lo bueno y legítimo para imitar mejor la vida ardua y sacrificada de Jesucristo.

Una segunda motivación viene por el hecho de la tentación y de la tendencia al mal que nos habita. Necesitamos mantener el control de estas tendencias (diversas en cada ser humano), y la libertad para buscar al Dios mayor que nos pide siempre ser más. Necesitamos equilibrar lo que en cada uno está desequilibrado. Para ello, en ciertos períodos y situaciones debemos "actuar en contra" (S. Ignacio), renunciar a lo legítimo para recuperar el equilibrio y la libertad. (La gula se supera más fácilmente con un período de ayuno, el egoísmo con compromisos concretos y gratuitos en servicio de los demás).

Siguiendo a San Juan de la Cruz, debemos agregar también que la ascética y la renuncia son necesarias para purificar nuestras "tinieblas" (cegueras) y "apegos" (falta de libertad) que impiden a nuestro ser adecuarse a Dios para experimentarlo por la fe. La experiencia de Dios exige no sólo el no pecar, sino también la pureza de corazón (Ver la bienaventuranza). Dada la condición humana de inadecuación para experimentar a Dios por la fe, necesitamos purificar esta fe. Esta purificación se da por el camino de la ascética.

En todo caso, cualquier motivación ascética deja de ser cristiana y humana —y pasa a convertirse en estoicismo, puro ejercicio de voluntad o pasa a ser una forma de pesimismo ante las posibilidades humanas— si no está animada en la imitación de Cristo a causa de un amor mayor que nosotros mismos. La ascética no es cristiana si no nos humaniza, si no nos libera, si no nos hace crecer en el amor. Pongamos algunos ejemplos.

La renuncia de la pobreza. La pobreza, como estilo material o sociológico de vida no es ningún valor en sí misma. No se ve que de suyo, haya mayor cristianismo en el hecho de vivir en una casa y barrio pobres, y no en otro menos pobre. No se ve que el carecer de cosas sea una perfección especial; ni que la espiritualidad tenga que ver con un tener o no tener. De suyo, todo eso es indiferente o neutro. Más aún, los que viven una inserción voluntaria entre los pobres saben que su pobreza material es un "testimonio" bien relativo; que en relación a los pobres empobrecidos que los rodean son privilègiados, y que sus esfuerzos de pobreza son precarios y opacos para esas gentes.

Pero la pobreza material es testimonio cristiano no por su materialidad, sino por las motivaciones y el amor mayor que revela. Por las energías de compromiso y solidaridad que es capaz de suscitar. Lo que es testimonio no es el estilo de vida en sí, sino el hecho de que por amor alguien quiera compartir el lugar de los pobres, sus luchas y —lo más posible— su nivel de vida. La pobreza material es un gesto precario, pero siempre válido en la espiritualidad, que revela la búsqueda sincera de un amor mayor y de imitación de Jesús.

Otra renuncia de actualidad —por lo cuestionado— es el del celibato consagrado. Por un lado es tradicional en la mística cristiana decir que el celibato consagrado es un valor espiritual y un testimonio. Por otra parte, muchos célibes —y no célibes, creyentes— no parecen encontrar valor especial al celibato.

Lo que sucede es que, como en cualquier otra renuncia, el celibato consagrado en sí, aislado del amor mayor, ciertamente no es testimonio ni camino de espiritualidad. Quiero decir que el hecho de no casarse ni de tener relación íntima con el otro sexo no encierra ninguna perfección ni especial valor evangélico.

Pero el celibato consagrado es testimonio dentro de un contexto de vida marcado por la vivencia del amor mayor. No es el mero hecho de no casarse ("celibato material") lo que es testimonio (en esto tienen razón los que cuestionan el "celibato material" en muchas culturas populares latinoamericanas), sino los motivos evangélicos que se transparentan en esa opción y la calidad de compromiso y de amor fraterno que genera la opción del celibato consagrado. Este es testimonio significativo no tanto en su materialidad, sino por la espiritualidad que supone y genera. El celibato consagrado es una experiencia: de que Dios es real, que su Amor mayor es real, que es fuente de mayor amor a los hermanos, y que todo amor humano es relativo al amor absoluto de Dios.

Tomemos la renuncia tradicional de la penitencia. En ella se engloban las abnegaciones y sacrificios, aceptados o buscados, con los que se quiere expresar la purificación y huida del pecado y de las malas tendencias. La espiritualidad antigua dio gran importancia a la penitencia. Esta se realizaba sistemáticamente y se agregaba a la vida ordinaria —actos de penitencia— donde se acentuaban las penitencias físicas.

Hoy nos cuesta entenderlo, pero esa modalidad de penitencia era coherente con una cultura, un cierto modelo de santidad, y una antropología prevalente (pesimismo frente al cuerpo, una espiritualidad muy marcada por lo monacal y conventual, con su poca valoración de la actividad "profana", etc.). Hoy sin embargo, la penitencia como testimonio de espiritualidad cristiana subsiste en su valor esencial: las formas de sacrificio del egoísmo para vivir para un amor mayor, y para la imitación de Jesús.

El contexto cultural del catolicismo se ha transformado. Hoy se habla menos de pecado y en cambio más de egoísmo, de alienación de nuestro ser, de idolatrías del sexo, de la riqueza, el poder, etc. Hoy no consideramos al cuerpo como fuente de pecado y enemigo del espíritu. Hoy no nos gustan los actos de penitencia programados, sistemáticos y agregados al diario vivir. Hoy la vida cristiana no está calcada del ideal contemplativo-conventual: valoriza la actividad "profana" y las tareas temporales como deber cristiano y fuente de abnegación. Pero en nuestro contexto cultural la penitencia está vigente, como una exigencia y dimensión inescapable al interior de la vida, si la vida quiere comprometerse a un amor mayor. La penitencia primordial es vista en primer lugar como las exigencias —tanto de actitud como de sacrificio físico— que brotan del compromiso cristiano. Lo mismo habría que decir de la abnegación que impone la vida familiar, el matrimonio, el trabajo de cada día, etc. Lo que la vida misma tiene de abnegación, se transforma en ascética cristiana en la medida que se motiva con amor y nos relacione conscientemente con la llamada de Jesús a seguirlo "cargando cada día con nuestra cruz".

En definitiva, cualquier militancia o fidelidad exige formas de disciplina, de ascesis, de abnegación. Para un cristiano, este es el nuevo rostro de la penitencia. La penitencia es la vida asumida sin egoísmo y en un proyecto de amor. Tejida en ella está la cruz que debemos cargar cada día. Para Jesús eso es la prueba de un amor mayor.

2. LA CONVERSION COMO PROCESO

Decíamos que la conversión se da como proceso y crecimiento, siempre inacabado. El hecho que la vocación cristiana no es sólo dejar el pecado sino vivir según la plenitud del Espíritu, hace de la conversión una tarea permanente.

El proceso de la conversión no es ni homogéneo ni lineal. Tiene momentos críticos, etapas de nuevas opciones donde debemos volver a elegir a Cristo, pasa por crisis de maduración y crecimiento. Todo ello forma parte de la "purificación del fondo de nuestro espíritu para adecuarnos a Dios" (S. Juan de la Cruz), de modo que la experiencia de la fe y la motivación del amor lleguen a ser los factores predominantes de nuestro itinerario espiritual.

Más madura la conversión, más ésta es guiada y motivada por la fe, y menos por el entusiasmo, la sensibilidad, la generosidad sentida a los consuelos de Espíritu. Hay que saber evolucionar y crecer a través de las diversas etapas y crisis de la conversión cristiana. Esta nos lleva a re-descubrir y a optar reiteradamente los valores que nos atrajeron al comienzo, bajo la nueva luz de una fe más purificada, y por lo mismo más árida y oscura para la sensibilidad. En la madurez de la vida cristiana, la conversión es dejarnos conducir por el Señor de la fe, la cruz y la esperanza: "Antes tú mismo te ponías el cinturón e ibas donde querías. Ahora abrirás los brazos y otro te amarrará la cintura y te llevará donde no quieras" (Jn. 21, 18).

La conversión como madurez humana (3)

La espiritualidad, inútil recordarlo, tiene estrechas relaciones con la psicología. El camino cristiano —la conversión— es también el camino de la maduración psicológica; la experiencia de la fe, la esperanza y la caridad cristiana, y la actividad progresiva del Espíritu contribuyen también a la maduración de las facultades humanas, sin sustituir la autonomía de la psicología. En la medida que la gracia del amor de Dios impregna las facultades del espíritu, el organismo psicológico se humaniza.

La espiritualidad de suyo no resuelve los problemas psicológicos ni sus desequilibrios (no todos los santos tenían una psicología sana), pero en la medida que integra la psicología en el amor y la arranca del egoísmo, nos ayuda a vivir en paz con nosotros mismos y aun a hacer de los conflictos y limitaciones psicológicas un camino de crecimiento.

Pues nuestro crecimiento humano —y por lo mismo cristiano— se va realizando en torno al crecimiento en el amor. En esta perspectiva, el cristianismo es reordenar nuestros valores humanos en torno al amor. El amor es el eje de nuestra vida y el que hace madurar nuestra psicología.

Debemos crecer y madurar en todos los aspectos de nuestra vida humana y cristiana. Desde la madurez biológica, intelectual, afectiva, hasta la madurez de la fe. Hay ciertas áreas psicológicas donde la maduración es más difícil que en otras, y donde la experiencia de la fe puede contribuir significativamente a la maduración humana.

Por ejemplo, la madurez afectiva. Esta no es fácil de encontrar, y se obtiene a través de un camino largo y arduo, debido a su afinidad con la madurez del amor, y con la caridad cristiana. En este punto, el mandamiento de Cristo al amor coincide con el proceso hacia la madurez de la afectividad.

La madurez afectiva consiste en la capacidad de darse, por sobre la necesidad de recibir. Consiste en la capacidad de aceptar, sin frustrarse ni disminuir la donación, las no-respuestas a nuestros amores y entregas. Consiste también en una capacidad para ser objetivos y emocionalmente libres ante las situaciones, para tener juicios y apreciaciones justas.

Otra forma de madurez donde también se entrelazan la psicología y la gracia, es la madurez "social". Esta se refiere a nuestra capacidad de integración y de autenticidad con las diversas categorías de personas, de grupos y de situaciones. El maduro se acepta y acepta a los demás como son; es auténtico sin pretensiones ni complejos. La inmadurez "social", en cambio, suele revelarse por agresividades, complejos, conflictividad y desajustes.

Decíamos que no basta madurar en un aspecto; es necesario crecer en todos, en un dinamismo donde la psicología y la gracia mantienen su autonomía, pero quedan como dos dimensiones inseparables de la vocación a la madurez y a la conversión cristiana.

Por eso es que no se llega a la madurez sobre la ruina de nuestras tendencias psicológicas, sino sobre la orientación y purificación de las mismas. Las tendencias son radicalmente buenas o recuperables, y forman parte de nuestra personalidad humano-cristiana. No se trata de suprimirlas, sino de organizarlas en torno al amor, que es el eje en torno al cual se construye toda madurez.

Hechas estas consideraciones, nos podemos preguntar sobre ciertos síntomas y condiciones psicológicas que caracterizan una personalidad madura, particularmente en su relación con los demás y con la realidad ya que en estas relaciones es donde más se refleja la madurez humana animada por la gracia.

La persona madura es la persona que vive de convicciones, y no de impresiones e impulsos. Su personalidad, por lo mismo, está integrada, es coherente: hay coherencia entre su ser y su actuar; entre lo que piensa, lo que hace y lo que dice. Su vida y valores están suficientemente integrados.

Aquí la inmadurez (propia de la adolescencia), es la desintegración y la incoherencia de los valores. No hay continuidad entre lo que se piensa, se proclama y se hace. No hay constancia. No hay verdadera responsabilidad. Esta inmadurez no es digna de confianza.

La persona madura, conoce sus posibilidades y sus límites. Es realista consigo misma, vive en la verdad, sabe qué puede hacer y qué no puede hacer. Por tanto, sabe decir que no y tiene también el valor de decir que sí.

Cuanto más tenemos el valor de decir que sí o que no, más maduros somos y hacemos un compromiso más válido. Por eso no puede haber compromiso válido donde hay inmadurez. Igualmente en los compromisos con Dios.

Es signo de madurez, igualmente, la capacidad de renunciar a valores incompatibles con la vocación personal.

Estamos renunciando permanentemente a valores incompatibles. Uno se comprometió, por ejemplo al celibato en un momento de su vida. Pero esto implica renunciar al matrimonio, que es un valor. Hacer esto lúcidamente, consciente, sin volver atrás, es un signo de madurez y libertad.

El inmaduro, en cambio, quiere tener todos los valores al mismo tiempo. Escoge uno y lo deja luego para volver a tomar otro, sin proponerse metas definitivas. El maduro sabe que el matrimonio es un valor, y que lo es también el celibato, pero escoge uno u otro según su opción personal, de una manera definitiva.

La capacidad de elegir alternativas, pero sin conflictos, sin angustias, es un signo de madurez.

El maduro, es capaz de situarse en un grupo sin sentir que las normas de ese grupo son un atentado contra su personalidad.

Esta característica es muy importante en la Iglesia: hay gente que pertenece a una diócesis, a una comunidad, a una Congregación, con la cual no está de acuerdo. Esto los lleva a una crisis permanente y a una especie de sensación de sentirse agredido y aplastado. Esto es inmadurez.

El hombre maduro vive en cualquier institución, en la cual tiene válidos motivos para permanecer, aun no estando de acuerdo en muchas cosas. Sabe que ninguna institución es perfecta, sea civil o religiosa. Pero no se siente abatido, porque tiene capacidad de vivir situaciones ambiguas y provisorias.

La Iglesia hoy vive en una gran transición en su pastoral, en su vida religiosa, etc. Produce a veces una sensación de ambigüedad. El que no se siente realizado, no culpe a la Iglesia, sino a su falta de madurez, que no le permite sobrellevar situaciones ambiguas.

Esto significa también la capacidad de vivir en situaciones de tensión. Vivimos permanentemente en esta realidad. En nuestro trabajo, en la sociedad, en donde nos encontremos. También puede haber momentos de tensión con una persona, con un grupo, con una norma que no nos satisface... La capacidad de sostenerse en una situación ambigua y tensa sin renunciar uno a sus ideales, pero tampoco sin llegar a situaciones de ruptura con los demás, es signo de madurez.

La conversión como libertad (4)

Como proceso de toda nuestra vida, el seguimiento de Cristo nos conduce a la libertad cristiana. La libertad que Jesús trajo al mundo se realiza también en nuestro interior; la liberación es también el éxodo de nuestras servidumbres, esclavitudes y pecados. Por eso la libertad de espíritu es propia del camino evangélico, y coincide con la madurez de la conversión (Jn. 8, 31-32; Gal. 5, 13 ss.).

La libertad es una cualidad en el hombre, que se adquiere a través de un crecimiento durante toda la vida. Por eso el ser maduro implica también el ser libre.

Todos estamos llamados a esta libertad, con ritmos diferentes. Dependerá de la fidelidad y de los acontecimientos en la vida de cada uno. Evidentemente que el que haya experimentado una vida más dura, con tensiones, ambigüedades, el que haya tenido que liberarse de sí mismo para crecer, etc., llegará posiblemente antes que otros a la libertad.

Pero en todo caso, Dios no nos fuerza en este camino. Somos nosotros los que debemos ir aceptando el ritmo de nuestro crecimiento, al que Dios nos va orientando.

Sepamos que este crecimiento no se realiza sin crisis. Las crisis en nuestra vida son la condición para hacernos libres. En nuestra vida hay una serie de etapas que tenemos que cruzar. En cada etapa creamos una síntesis de nuestros valores. La crisis no es otra cosa que la transición de una etapa a otra; un momento fuerte de la conversión.

Habíamos hecho una síntesis, por ejemplo, de nuestra vida religiosa, en el noviciado y los años siguientes. Después evolucionamos religiosamente. Tenemos más experiencia, y llegamos a una situación donde esta síntesis ya no nos sirve, vemos que era insuficiente y tenemos que hacer otra síntesis mejor, superior. Mientras destruimos la anterior y construimos la otra, es el período de crisis.

La crisis es la transición entre dos síntesis. Y cuanto más nos cueste hacer la nueva síntesis, más se acentuará la crisis. Hay aquí un problema pedagógico: no tenemos derecho a destruirle a alguien su síntesis, si no le damos una síntesis mejor. Corremos el riesgo de dejarlo en una crisis permanente que no se va a solucionar. Una crisis no solucionada es una ruptura y es el abandono definitivo de un valor. Es el fracaso de la conversión.

No podemos crecer sin estar permanentemente, según las etapas de nuestra vida, rehaciendo síntesis. Una completa estabilidad en nuestra vida, el nunca poner en cuestión nada; es sospechoso. Ahí hay sin duda una vida cristiana que no está creciendo. Para llegar a la libertad hay que estar dispuesto a aceptar muchas crisis.

¿Por qué estas rupturas y estas crisis para llegar a la libertad? Porque todos, más o menos, vivimos esclavos: esclavos de seudovalores. Pensamos que vivimos valores, pero vivimos ambigüedades. Nuestra vida está llena de valores ambiguos, y necesitamos purificarlos, para que sean evangélicos.

Por eso la crisis nos conduce a la libertad, al revelarnos la ambigüedad de los valores que vivimos. A veces podemos tardar varios años para darnos cuenta de ello.

Algunos ejemplos. La obediencia es un valor en la vida religiosa. Pero hay un tipo de obediencia sin libertad, sin expansión, sin responsabilidad y sin fidelidad a la vocación personal. Ahora bien este tipo de obediencia no es cristiana. La obediencia no debe sacrificar o cercenar otros valores legítimos coherentes con ella. Si la obediencia es verdaderamente un valor, supone que no va a violar la libertad, la responsabilidad y la iniciativa. Cuando viola esto, es una obediencia ambigua.

Normalmente cualquier naturaleza cristiana sana, debe tener en diversas etapas de su vida ciertas dificultades en la obediencia. De lo contrario, no está creciendo. Debe estar permanentemente rehaciendo su síntesis y redescubriendo la misma obediencia evangélica, pero cada vez con una dimensión nueva, más libre.

Normalmente las personas que tienen más valor, más madurez, son las que tienen más dificultades con la obediencia. Lo cual es muy normal. No se llega a una obediencia libre, sin pasar por rebeliones. La obediencia consiste en una síntesis entre la aceptación de la voluntad de Dios y una total libertad cristiana. Es sumamente difícil. Es una obra del Espíritu Santo. Y a eso no se llega sin pasar por muchas crisis.

La Oración. Hay personas que pueden tener en esta práctica cierta ambigüedad. Pueden pasar años practicando la oración y ciertas devociones, sin que hayan adquirido auténtica vida de oración. Porque, para que haya verdadera oración, oración libre y madura, es preciso que también haya libertad frente a las prácticas. Y para ello habitualmente uno tiene que pasar por muchas crisis, sin presiones. Y las crisis, por ejemplo, se producirán cuando uno sale de su cuadro y cambia de estilo de vida. Es el momento providencial para hacerse libre, recuperando los mismos valores en una nueva luz. Es el momento de purificar los motivos, sin dejar lo válido de la oración.

La libertad viene de una convicción interior, a causa del Evangelio, y supone la fidelidad. Pero a esto no se llega sin pasar por crisis, y por situaciones de transición, a través de las cuales hay que recuperar los valores, en otro contexto diferente. Si no somos capaces de hacer esto, no estamos creciendo. Quedamos mediocres, porque muchos de los valores que creemos que estamos viviendo se puede demostrar que son ambiguos, que posiblemente no son tan puros como pensamos. Y la manera cómo se revela esa ambigüedad es a menudo mediante una crisis, que nos pone en la línea de la verdad, y en la revisión de vida. Por eso Jesús decía: "La verdad os hará libres". Porque la verdad nos pone en la crudeza de la realidad y nos revela que lo que pensábamos que estábamos haciendo bien, en el fondo no era más que una esclavitud.

Tomemos también la fe. Esta tiene que hacerse libre y no afirmarse sólo en la tradición, familiar o de la educación. Tiene que enfrentarse con la opción de tener o no tener fe. Con la libertad de la fe madura (ver Cap. II, 1).

Lo mismo puede suceder en la misma actividad en la pastoral. Fácilmente, en una etapa aún inmadura, no se advierten las ambigüedades de motivaciones humanas, de prestigio o de competencia.

La orientación es no tanto a la construcción del Reino de Cristo, como de "nuestro" reino... De ahí impaciencias, desánimos, búsqueda de política eclesiástica, etc. Al fin puede producirse la crisis de ruptura y la ambigüedad se advierte. Diversas circunstancias, fracasos, pueden llevar a ellos. Es el momento de convertirse, de purificar la acción apostólica y de redescubrir lo más profundo del apostolado cristiano, de purificar el valor pastoral y de hacerse realmente libre.

Por eso, si los valores que vivimos son ambiguos, los conflictos son también necesarios. Inclusive, a veces (y esto es delicado), los conflictos habrá que provocarlos. Porque la única manera de crecer, para una persona o un grupo, es pasando por esas crisis y desenmascarándonos a nosotros mismos, para vivir cada vez con mayor libertad.

Cuando un grupo está estancado, o cuando una persona está estancada, hay que suscitarle sanamente estos conflictos (cuestionarlas) para que se logre progreso. En último análisis se trata de elegir nuevamente, y cada vez más libremente, los valores, porque en realidad aún no los hemos elegido con libertad total. Había una elección con libertad parcial; una conversión parcial.

147

Lo importante en la oración es que la elijamos, sin importarnos si ella es o no obligatoria. Se trata siempre de elegir todos nuestros valores, todos nuestros compromisos, cada vez con mayor libertad, sin pensar en lo que está mandado.

Esto supone el valor de ponernos en la verdad y el valor de aceptar el ser desenmascarados. Porque en nuestra vida hay muchas mentiras, que vivimos inconscientemente, ambigüedades que necesitan ser desenmascaradas. Las crisis, los conflictos, los cuestionamientos, son acontecimientos que, si somos sensibles a ellos, nos van a ayudar a convertirnos en la libertad.

Esta es una de las ventajas de la revisión de vida. El partir de lo concreto, de ciertos hechos, permite el diálogo a través de reacciones concretas. Nos permite cambiar, iluminando nuestros hechos y actitudes. Me cuestiono yo mismo para deshacer mis ambigüedades y para convertirme.

En la revisión de vida no vamos a darnos principios, a recordarnos doctrina. Eso ya lo sabemos. No hace falta recordarnos en teoría los valores del evangelio. Debemos más bien ayudarnos en el cuestionamiento de nuestra vida, a fin de que veamos en nuestra conciencia lo que había de ambiguo y de mentiroso en nuestras actividades. De ahí que en nuestra vida nada tiene significación universal. Yo no debo esclavizarme a ninguna actitud unilateralmente. El día que yo me esclavice a una actitud, ese día perderé ya la posibilidad de crecer. Quedaré instalado en un esquema de pensar y de actuar. Por eso debemos plantearnos con valentía los problemas y cuestionarnos permanentemente.

Hay quienes piensan que el tiempo lo arregla todo, porque no tienen el valor de abrirse a los conflictos. El tiempo a veces empeora las cosas. Dejar las cosas al tiempo, a veces será lo más sabio, pero en algunos casos hay que darse cuenta que los conflictos se van degradando, porque no se tiene el valor de abrirlos, para exponerlos a la verdad que nos hará libres.

3. LA DIMENSION SOCIAL DE LA CONVERSION (5)

La conversión cristiana es el punto de arranque de la espiritualidad. Es el proceso de la opción por Jesús y su Evangelio. Es "cristiana" porque nos convertimos en primer lugar a Cristo y a través de él a la justicia, al amor, al hermano, al pobre y al Reino de Dios. La conversión cristiana es la conversión a un Dios inseparable del amor al hermano.

En la práctica, esta afirmación aparece problemática. Se torna precisamente en una de las objeciones que encuentra la práctica religiosa y sacramental: hay demasiados practicantes y orantes cuya conversión es demasiado insuficiente. La fe practicada ciertamente influye en aspectos de su vida (su ética personal, conyugal, familiar, su honestidad en el trabajo y los negocios) pero no influye en otros aspectos y campos de la existencia, que parecen quedar impermeables al dinamismo de la conversión.

Nos referimos a los casos bien conocidos de católicos sinceros y practicantes, que son regresivos y aun reaccionarios en materias políticas, sociales y económicas. Que más o menos inconscientemente son clasistas o aun racistas. Que se discriminan unos a otros por sus ideas o pertenencias políticas. Que mantienen los prejuicios y criterios de la clase social a que pertenecen. En América Latina esto es tan acentuado que —como han dicho Medellín y Puebla— nos hallamos en una sociedad de tradición cristiana que es institucionalmente injusta; la distancia creciente entre ricos y pobres es escandalosa, y en ambos sectores hay católicos.

Esto nos lleva a tomar conciencia de que la conversión, para que sea "cristiana", debe ser también social. Quiero decir que dentro de su globalidad, debe romper con los pecados y egoísmos propios de cada época y lugar. Por esto, un cristiano no puede prescindir de la enseñanza y orientación moral de la Iglesia: la Iglesia, en cada época y lugar, subraya las tentaciones, los ídolos y los pecados sociales que es necesario superar en el proceso de la conversión. Cuando Medellín y Puebla insisten en la pobreza y opresión de la sociedad latinoamericana, están indicando que para los cristianos que alimentan su fe con la palabra y los sacramentos, convertirse es canalizar para la justicia y la liberación de los oprimidos el dinamismo de gracia que les viene de Cristo. La Iglesia nos enseña "cómo" y "a qué" debemos convertirnos.

Conversión y cultura

Ya hemos recordado en otro lugar la influencia que han tenido y tienen los modelos culturales en la espiritualidad cristiana (Cap. I, 3). Veíamos cómo las culturas matizan la espiritualidad, y son a menudo una de las causas de las diversas escuelas de espiritualidad. Veíamos también que la influencia de las culturas en la espiritualidad no siempre es positiva, y que no siempre el medio cultural facilita la mejor identidad cristiana o la conversión.

El dinamismo de la conversión ha de tomar distancia crítica de su medio cultural, para romper con todas las actitudes, normas y criterios culturales incompatibles con la vida evangélica. Eso significa que la conversión implica una dimensión cultural. Aunque de suyo las culturas como tal no se conviertan, sino que se conviertan los hombres que participan de las culturas; éstos, a su vez, transforman su propia cultura, para mejor, en la medida que son conscientes de las implicaciones culturales de la conversión cristiana.

La conversión a Jesucristo, y muy particularmente en América Latina es también una conversión cultural. ¿Qué quiere decir eso? ¿Qué tiene que ver con el problema de la justicia y la distancia entre ricos y pobres, como pecado de egoísmo personal y social?

La idea de cultura es englobante. Abarca todos los aspectos de la vida de un pueblo. Es la mentalidad colectiva de una sociedad, que poco a poco se ha ido creando, y que influye poderosamente en los miembros de esa sociedad (cultura). Esta mentalidad colectiva está hecha de "los valores que la animan y des-valores que la debilitan, de sus criterios e ideas fuerza" (Puebla), sobre todo del sentido que ese pueblo (cultura, sociedad) le da a las grandes cuestiones de la vida. Poco a poco, esta mentalidad colectiva ha ido cristalizando en costumbres, instituciones, y en una cierta sensibilidad moral, que son diversos en las diversas culturas (Cap. I, 3).

La dimensión cultural interesa sobremanera a la conversión cristiana, pues las culturas influyen sobre la mentalidad e ideas que las gentes se hacen de la misma religión cristiana, de la moral y en particular de la justicia y de la fraternidad humana; valores todos estos esenciales para el evangelio.

Al expresarse en una cultura, la fe cristiana es influida por ella y puede adquirir tendencias y elementos deformantes. En el caso, por ejemplo, del catolicismo "popular" latinoamericano (propio de las culturas populares), del catolicismo "burgués" (propio de las culturas burguesas y socialmente acomodadas), etc. Aquí la religión se "culturaliza", y una auténtica conversión requiere de estos cristianos una purificación de sus deformaciones católico-culturales. Estas deformaciones se refieren en primer lugar a lo que se acentúa o se deja de lado en la idea de Dios y de Jesús, de su evangelio, de la Iglesia, de los sacramentos y la espiritualidad. Según la mentalidad colectiva (cultura), se hará de Dios, el evangelio y la Iglesia algo que tiene que ver con la intimidad, con lo interior, con la salvación y realidad ultraterrenas (culturas "burguesas"), o algo ligado a las necesidades naturales y primarias del hombre (culturas populares). Se acentúan en Jesús, la Iglesia y los sacramentos "lo puramente divino" y "el poder". Se verá en el evangelio y en la Iglesia una autoridad religiosa legitimadora o subversiva, según la cultura. Se aceptará o no las consecuencias sociales del evangelio, etc. etc.

El tema es suficientemente conocido, y para nuestro objetivo basta señalar la necesidad de que la conversión al Dios del evangelio, inmanipulable por cualquier cultura e interés social o personal, implica un proceso de purificación de las deformaciones culturales de un catolicismo, de una Iglesia y de católicos concretos. Ello se aprecia mejor cuando constatamos las deformaciones de la moral cristiana a causa del peso de las culturas. En la ética cristiana se acentúan aspectos y se debilitan otros por criterios más culturales que evangélicos. En algunas culturas, los cristianos son severos con la ética individual y familiar, y laxos con la ética pública y social. O son severos con la moral que emana de la ley y de la disciplina, y laxos con la moral de los derechos humanos. Se da gran importancia a la moral sexual, y poca a la ética del uso de la riqueza y a los derechos de los débiles, o al revés. Si la conversión cristiana es también una conversión de las costumbres morales, hay que liberar a éstas de las normas culturales insuficientes, para reconvertirlas a las normas del evangelio en toda su integridad. Una aplicación importante de la culturización de la ética cristiana se da —también en América Latina— en la culturización y deformación de la idea y práctica de la justicia.

Entre cultura y justicia hay íntima relación: las culturas tienden a condicionar, limitar, manipular y aun corromper la práctica de la justicia. Y los hombres sumidos en esa cultura —aun los cristianos— para progresar en su conversión tienen que romper y salir de los prejuicios de su cultura sobre la justicia.

Pongamos algunos ejemplos. La justicia consiste en dar a cada uno lo suyo, y a todos lo que les corresponde, sin discriminaciones. Esto es aceptado por todas las culturas, pero es relativizado y condicionado en la práctica también por todos. El hecho de que haya clases sociales privilegiadas, y clases o grupos deprimidos, que los ricos tengan derecho a más y los pobres a menos, va contra la idea cristiana de la justicia, pero sucede que esas situaciones han llegado a formar parte normal de muchas culturas. Por costumbre cultural, los ricos no se sienten privilegiados ni los pobres víctimas, a no ser que unos y otros realicen una verdadera conversión cultural, que les haga ver los elementos injustos de su propia mentalidad.

No basta una conversión a la pura justicia en las relaciones individuales. La justicia es también socio-cultural, y la dinámica de la conversión debe llegar a ese terreno. Los cristianos no sólo deben cuestionar su vida personal, sino también la cultura en que viven, que les induce a no percibir las injusticias colectivas: diferencias entre salarios y ganancias; diferencias entre barrios de una misma ciudad (los acomodados reciben todos los servicios, los pobres casi nada) y con gran dificultad; contrastes entre lujos y necesidades... La conversión cristiana es insuficiente si no percibe estas exigencias.

Otro ejemplo se refiere a la fraternidad. La conversión cristiana debe llevar a la actitud de hacer de cada prójimo un hermano, cualquiera que sea su nacionalidad, raza, clase social, o ideología política. Pero la fuerza de las culturas —cada una a su manera— crea prejuicios nacionalistas, raciales, clasistas, de sexo y de ideología, que transforman la fraternidad cristiana en una caricatura o en algo limitado y sectario. El racismo o clasismo divide la sociedad también a causa de una mentalidad cultural, y no sólo por una opción consciente de mala voluntad de las gentes (aunque esto también exista). Igualmente, los nacionalismos son hechos culturales y no sólo opciones personales. Hay gentes que lograron superar las diferencias de clases y razas, pero continúan bajo el pecado de la discriminación ideológica: las ideas políticas, el partido político, el proyecto de sociedad, etc.

Todas estas divisiones no se explican sólo por un análisis estructural de la sociedad económica, que constata la existencia de clases ricas y pobres, dominantes. Pues los prejuicios ideológicos, el racismo, o el machismo, se dan a través de todas las clases sociales. También en las clases populares hay racismo (con los indígenas y negros), y la explotación de la mujer es muy acentuada.

Por eso convertirse a la fraternidad implica salir de los prejuicios y raíces culturales anti-fraternas, para vivir el amor sin fronteras.

Las sociedades racistas o clasistas (de cualquier signo) no perciben a primera vista que son anti-fraternas, dado que la idea misma de la fraternidad está "culturizada", estratificada: las gentes tienden a ser hermanos, sí, pero dentro de su mundo cultural. Salir de él es conversión; confrontar la organización social de esa cultura con el mensaje evangélico es evangelizar la cultura.

Igualmente tenemos el caso de la liberación (la libertad). Todas las sociedades predican la libertad de sus miembros (a lo menos como proceso en marcha). A ello se refiere particularmente el ideal de los derechos humanos. La realización de la libertad, los derechos del hombre y especialmente de los débiles, son constitutivos de la conversión cristiana y del mensaje evangélico. Pero resulta que la idea misma de la libertad y los derechos del hombre está condicionada por las culturas y las ideologías que la refuerzan.

Las culturas influidas por el liberalismo (capitalismo) son sensibles a las libertades individuales de cara al poder, pero no son sensibles a los derechos económicos o laborales. Estas sociedades capitalistas, muy sensibles a los derechos del hombre en sus expresiones individuales, al pluralismo y en lo privado, son socioculturalmente insensibles a los derechos económicos y sociales de todos, especialmente de los débiles. Las culturas colectivistas y marxistas son sensibles a los derechos del trabajo, de las mayorías y de lo económico, pero insensibles a los temas de la libertad religiosa, de la libertad ante el poder y la ideología dominante, y a los derechos de los disidentes.

Esta "culturización" de la justicia, la fraternidad y la libertad se agrava por las explicaciones y justificaciones ("ideologías") que las culturas van generando para justificar aun sus deficiencias y límites. Cuando estas ideologías se propagan masivamente, constituyen una manipulación de las conciencias y de las mismas culturas, una injusticia más.

Nada de todo esto, sin embargo, es determinante para la conciencia y la libertad de las gentes que participan de una sociedad y cultura. No sólo la fe trasciende la realidad, sino también la libertad del espíritu humano, que es capaz de convertir su conciencia y liberarse no solamente de sus egoísmos y crisis personales, sino también de las servidumbres socio-culturales.

De ahí la posibilidad de vivir como cristiano en cualquier cultura y sociedad, por muy opresiva y manipulante que sea. El proceso de la conversión, como el de la evangelización, tienen un dinamismo trascendente y liberador de las servidumbres culturales e ideológicas.

Conversión y compromiso social-político

La experiencia de la conversión para librarnos de los pecados y deformaciones culturales, conduce al compromiso social: la práctica de la misericordia cristiana que quiere mejorar esa cultura y esa sociedad, para que los demás puedan convertirse más fácilmente al evangelio de la justicia, de la libertad y de la fraternidad. El compromiso social es parte integrante de la conversión cristiana, ahí donde hay que construir una sociedad mejor.

La conversión cristiana no es a un modelo de sociedad, o a una ideología socio-política, sino a Cristo y su evangelio.

Llegar a los compromisos sociales a causa de él, es mística cristiana. La identidad que Jesús estableció entre él y su Reino, con los pobres y desamparados y la justicia y la misericordia, hacen de lo socio-político una dimensión necesaria de la espiritualidad católica. Desde el ángulo de la fe, la política es la causa de la justicia, es la causa del pobre. Son una consecuencia de la "opción preferencial por los pobres", inherente a la fe católica y reafirmada en Puebla. El propio documento de Puebla señala que esta opción requiere una "conversión de la Iglesia", y es signo de la credibilidad y autenticidad de la evangelización. Es legítimo añadir que también es signo de la autenticidad y credibilidad de la conversión y espiritualidad cristianas.

Más aún, las exigencias sociales de la conversión son inherentes a la naturaleza de la conversión a causa del ideal fraterno que Jesús trajo y por el cual entregó su vida. La experiencia cristiana es experiencia de fraternidad, y compromiso por construir la fraternidad entre los hombres. La fraternidad cristiana supone una economía, una cultura, una política de poder que la haga posible. La fraternidad tiene exigencias para las instituciones y el ordenamiento social. Requiere una acción socio-política, la política de la justicia y del servicio a los marginados de la fraternidad. Para muchos creyentes la llamada a la fraternidad (mística cristiana) se hace llamada política.

La conversión a la justicia y al pobre como integrantes de la espiritualidad, requiere de mediaciones. Estas mediaciones son los programas, las ideologías, las organizaciones, los modos de acción por los que el creyente opta para mejor servir, a su entender, la causa del pobre. Pero su espiritualidad no es un programa o ideología, sino la mística de su entrega a ellos por amor a sus hermanos: el amor mayor que se refleja en esa modalidad de compromiso contingente. La experiencia de la fe nos hace crecer en esa entrega por amor, no en una ideología precisa.

La toma de conciencia, hoy más aguda, de que la experiencia de la fe incluye el compromiso por la justicia y por la causa de los pobres, ha sido uno de los cuestionamientos —a la vez crítico y enriquecedor— más fuertes de la espiritualidad. Hoy hablamos legítimamente de las exigencias políticas de la conversión cristiana, de la relación entre oración, sacramentos, contemplación y lucha por la justicia. En fin, de una "espiritualidad de la liberación" (ver Cap. I, 3).

NOTAS AL CAPITULO IV

1. SAN IGNACIO DE LOYOLA, *Ejercicios Espirituales* (1a. Semana); RAHNER K., *Comentarios a los Ejercicios,* Herder, Barcelona 1971.
2. SAN JUAN DE LA CRUZ, Subida al monte Carmelo; MARTI BALLESTER J., *La subida al monte Carmelo leída hoy.* Ed. Paulinas, Madrid, 1970.
3. GALILEA S., *Contemplación y apostolado,* Ed. Indoamerican Press, Bogotá 1973.
4. GALILEA S., *Contemplación y apostolado.*
5. GALILEA S., *Renovación y espiritualidad,* Ed. Indoamerican Press, Bogotá 1981. TEOLOGOS-CLAR, *Cultura, evangelización y vida religiosa,* Bogotá 1981.

V

La experiencia de Dios

1. La contemplacion cristiana (1)

El proceso de la conversión cristiana, de la purificación del espíritu y de la experiencia de la fe nos va llevando y adecuando a la experiencia de Dios (ver Cap. III, la bienaventuranza de "los puros de corazón verán a Dios". Es también la doctrina central de la "Subida" de S. Juan de la Cruz).

La experiencia de Dios —o la contemplación cristiana de Dios— es la intimidad profunda, amorosa y oscura (a través de la fe) con Dios vivo. En la contemplación, el Espíritu de Jesús actúa densa y eficazmente en nosotros, para hacernos crecer en la vida que nos asemeja a Cristo. La experiencia de Dios es tanto más profunda cuanto más viva es la fe y el amor que la produce siempre en la limitación y la oscuridad propias de la luz de la fe.

Contemplar a Dios es experimentarlo en la realidad de nuestra vida. Es la viva convicción, experimentada "imprecisamente" (S. Juan de la Cruz) en el fondo del espíritu, más allá de la sensibilidad y del razonamiento, de que el Dios de Jesús está presente en nosotros, en los demás y en la historia así como en la naturaleza. Es experimentar esta presencia como misericordiosa y liberadora. Contemplar a Dios es saber vivencialmente que estamos en sus manos.

El contemplativo es el que tiene una experiencia viva del Dios de Jesús, que lo va vaciando de su egoísmo y orgullo y de los ídolos de su corazón. La contemplación purifica el corazón, y la conversión y purificación del corazón preparan a la contemplación.

Analicemos los rasgos propios de la contemplación cristiana.

a) Se trata de contemplación "cristiana". No de cualquier forma de contemplación humana o religiosa. Lo cristiano nos refiere a Cristo y a su seguimiento. La humanidad de Jesús vivió la experiencia de la contemplación de su Padre, y ser cristiano contemplativo es seguirlo y participar en su camino contemplativo. Nuestra propia experiencia contemplativa no es autónoma, sino que nos incorpora a Cristo contemplativo. En él se nos revela la naturaleza y el sentido de nuestra propia contemplación, pues no entendemos la contemplación cristiana fuera de la perspectiva de Jesús contemplativo. Esta perspectiva establecerá diferencias importantes entre la experiencia del Dios cristiano y otras experiencias religiosas.

La primera es que la contemplación cristiana no es tanto el esfuerzo del hombre por buscar a Dios, mediante ejercicios de psicología y de concentración (propios de las contemplaciones orientales), sino que es más bien la acción del Espíritu Santo en nosotros, que ora en nosotros (Rom. 8, 26 ss.).

La segunda, es que la contemplación cristiana es encarnada, "comprometida". Se nutre también en la vida, en la acción, especialmente en todas las formas del amor fraterno.

b) La contemplación cristiana es la experiencia del Dios de Jesús. No de cualquier Dios abstracto y "religioso", sino del único Dios vivo que se nos revela en Jesús. Un Dios que se nos entrega y que se comunica realmente con el hombre, y al cual el hombre también puede entregarse por su caridad y conocer por su fe.

La experiencia del Dios de Jesús conduce a la muerte de los falsos dioses —los ídolos— que viven en nosotros. "Purifica nuestro corazón y limpia nuestras manos" (Sal. 14 y 23). La experiencia del Dios cristiano lleva a la muerte del egoísmo; va más allá de una experiencia que satisfaga el sentimiento religioso, sin inquietar ni cuestionar, y sin producir un cambio radical y progresivo en la orientación de la vida.

El camino de la contemplación cristiana es el camino irreversible de la muerte del hombre viejo, egoísta e idolátrico, para renacer como discípulo y seguidor de Jesús en el Espíritu.

c) La experiencia del Dios cristiano es oscura. No porque Dios sea "oscuro". Dios es luz y fuente de toda luz y precisamente por eso su contemplación es oscura, si es auténtica. El hombre no está preparado ni adaptado para contemplar directamente a Dios, porque "su luz es inaccesible" al hombre. En nuestra condición terrestre, estamos hechos para "ver" no la Luz en sí, sino su reflejo en la creación. Nuestra experiencia humana —la sensibilidad, la inteligencia— nos capacita para ver destellos de la luz plena; destellos de verdad, de bondad, de belleza, de felicidad, de plenitud. Ese es el medio humano de nuestra contemplación.

Pero Jesús otorga la gracia y la llamada a contemplar a Dios tal cual es como Padre. A contemplar la luz, la bondad, la verdad en su fuente y plenitud. Por Jesús tenemos acceso a Dios, de otro modo inaccesible: al darnos su Espíritu, desarrolla en nosotros la capacidad para la experiencia de Dios "cara a cara". Esta capacidad es la vida de fe. La vida de fe es el único camino que tenemos en la condición terrestre para contemplar a Dios tal como es, y no sólo en sus

161

destellos en el mundo. Los ojos de la fe nos adaptan para ver la Luz inaccesible, pero como la fe está más allá de la pura razón y sensibilidad, la contemplación de Dios que nos aporta la vida de fe resulta, para nuestro modo habitual de experimentar, oscuro. Sucede que la experiencia de Dios nos enceguece; por lo tanto del lado nuestro es oscura. Sólo está iluminada por la vida de fe, pero por su misma naturaleza, la convicción y experiencia que transmite la fe trasciende nuestra sensibilidad y la oscurece.

Un ejemplo corriente nos ayuda a comprender cómo la experiencia del Dios auténtico es oscura para nosotros. Nuestra vista no está hecha para ver el sol directamente, siendo el sol la fuente de la luz que baña nuestro planeta. Vemos en cambio la proyección de la luz del sol sobre las cosas: vemos personas, objetos, paisajes. Tenemos la tendencia a pensar que las cosas tienen luz propia, cuando en realidad la luz que tienen y que nos permite verlas, les viene del sol. La prueba es que cuando el sol se pone, todo se oscurece y ya no podemos ver esas cosas. Si yo quiero ver al sol directamente, me doy cuenta que mis ojos no están adaptados al sol, y que el sol enceguece: para ver al sol tengo que entrecerrar los ojos, y sólo en la penumbra puedo experimentar directamente la luz del sol. Cuando en mí se hace oscuridad, el sol me es accesible.

Algo así es la contemplación de Dios. De ahí que ha sido aptamente comparada por los grandes contemplativos como "noche" y como ruptura de nuestro modo habitual de experimentar (San Juan de la Cruz). Así, la vida de fe es descrita como "noche luminosa". Noche porque oscurece nuestras experiencias habituales; luminosa porque en esta oscuridad accedemos a la verdadera luz.

Estamos hechos para la contemplación, para ver la fuente de la luz y de la vida pero en la noche.

d) La experiencia del Dios de Jesús es encarnada en la historia. En esto se aparta de todas las formas no cristianas

de la contemplación. Con eso queremos decir que estamos
llamados a experimentar a Dios no sólo en los momentos de
oración —entendiendo por oración la forma eminente de la
contemplación por la cual nos relacionamos con Dios de
una manera exclusiva y privilegiada—, sino también en la
vida, en la acción, en la naturaleza y en la historia. El Dios
de Jesús se revela en el corazón de cada hombre, y también
en la realidad histórica. La contemplación cristiana es experimentar el amor de Dios que quiere realizar su Reino en
nosotros, en los demás, en la sociedad. Su amor se revela en
la historia, y nos empuja a renovar la historia: a nosotros
mismos, a los demás, a la sociedad.

La experiencia de Dios en la realidad de la vida tiene las
mismas condiciones que su experiencia en la oración: es
oscura y supone la vida de fe. La experiencia humana nos
dice que "leer" la presencia del amor de Dios en los acontecimientos de la vida es de suyo desconcertante. No conocemos el fondo de los designios de Dios sobre cada persona,
sobre las realidades y sobre la historia. Más aún, en relación
al amor y al Reino de Dios, la realidad es ambigua y oscura:
contiene pecado, egoísmo, lujuria, injusticias... A primera
vista el Dios de la historia nos desconcierta; experimentamos un "silencio de Dios" que nos atemoriza... La realidad
es al mismo tiempo presencia y ausencia de Dios.

De ahí la oscuridad con respecto a nosotros de la presencia de Dios en la vida. No estamos preparados para leer
todo lo que sucede según la clave del amor de Dios. Creemos
en ese amor liberador, lo acogemos en la contemplación
cristiana de la realidad, pero en la noche luminosa de la fe.
Bajo su luz oscura, aprendemos —sin comprenderlo todo—
a experimentar a Dios en sus presencias (valores humanos y
evangélicos, siempre presentes en la historia), pero también
en sus ausencias (odio, pecado egoísmo, corrupción), pues
lo negativo e inhumano de la realidad nos lleva a Dios por
ausencia y nostalgia. El mal es el vacío de Dios; es lo que

sucede cuando Dios es rechazado. El mal es la experiencia del amor de Dios ausente.

La experiencia contemplativa como itinerario de las ausencias y presencias de Dios (lo que corresponde a la naturaleza claroscura de la fe) es igualmente constatación y enseñanza permanente de los místicos cristianos. Dios al mismo tiempo presente y ausente, luz y noche para nosotros, es connatural a la contemplación cristiana, y baña la experiencia de Dios tanto en el cara a cara de la oración, como en la realidad de la vida.

e) La contemplación como llamada y promesa a experimentar a Dios, nos asegura que el hombre está hecho para "ver a Dios". Está "programado" para la contemplación igual como está programado para hablar un idioma. En el hombre hay una raíz contemplativa, que no debe ser ahogada ni frustrada, so pena de una deshumanización o de una mutilación de su realización humana.

La llamada a la contemplación de Dios es universal. Es ofrecida a todos, especialmente a los pobres de corazón y sencillos. Esta es una de las enseñanzas de la parábola del encuentro de Jesús con la samaritana, en el pozo de Jacob (Jn. 4, 1-42). El diálogo del Señor con una mujer anónima, del montón, que había tenido cinco maridos, que participaba de la religiosidad del pueblo y cuya vida transcurría entre las tareas ordinarias de una mujer de su tiempo, se resuelve en la revelación gratuita de Jesús. "Cuando el Cristo venga, nos aclarará todo... Ese soy yo, el que habla contigo" (v. 25, 26). El "agua viva" que Jesús le ofreció con la que "no volverá a tener sed", pues "se hará un manantial de agua que brotará para la vida eterna" (Id. 10, 14) se refiere al "don de Dios" (Id. 10), a la gracia del encuentro experimental con Jesús, gracia que en este caso le fue entregada a una sencilla mujer.

La parábola es paradigmática. El don de Dios es para cualquiera, para los marginados, para los incultos, para los que llevan la vida dura del trabajo diario. La samaritana es cada uno de nosotros, "programados" a la experiencia de Dios, que como a ella se nos ofrece en los "pozos de Jacob" del camino de nuestra vida.

f) La experiencia cristiana de Dios tiene dos "lugares" fundamentales: la persona misma de Jesús contemplado en la oración; y el prójimo, cuyo servicio por amor es igualmente una experiencia de Cristo. ("Lo que hicieron al más pequeño de mis hermanos, lo hicieron conmigo" Mt. 25, 40). Estos dos modos de encontrar y de "ver" a Dios responde a la doble dimensión del amor cristiano ("amarás a tu Dios con todo el corazón... Y a tu prójimo como a ti mismo") y a los dos modos como se revela a nosotros Jesús según el evangelio ("yo soy el camino, la verdad y la vida"... "lo que hicieron con mis hermanos conmigo lo hicieron"... "quien no ama a su hermano a quien ve ¿cómo podrá amar a Dios a quien no ve?...).

La llamada a experimentar a Dios es una llamada a crecer en la amistad y entrega a Jesús en la oración, y una llamada a aprender a encontrarlo en el servicio de la fraternidad. No hay auténtico cristianismo ni experiencia contemplativa si no cultivamos ambas exigencias, y si no buscamos su síntesis.

Esto nos lleva a establecer una vez más la relación profunda que hay en la espiritualidad cristiana entre la contemplación y el compromiso.

Contemplación y compromiso (2)

La dimensión fraternal de la contemplación cristiana permite que el compromiso por amor con nuestros hermanos pueda ser una experiencia de Dios, y que la experiencia de Dios se traduzca en compromiso.

No hay "dos experiencias" de Dios en la espiritualidad cristiana: en la oración y en el hermano es el único Dios de

Jesús al que experimentamos. El Dios de la oración solitaria de la eucaristía es el mismo Dios que se revela en la lucha por los derechos del pobre y en las formas de la misericordia. Por eso profundizar en el Dios de la oración es fortalecer el compromiso fraterno, y este compromiso ayuda a purificar progresivamente la experiencia de Jesús en la oración.

En efecto, la misión, la misericordia y el servicio al pobre y a todos los hermanos, como experiencia humana y misionera debe ser un lugar de descubrimiento de Dios, de mayor conocimiento del rostro de Cristo. El Espíritu de Dios se revela en los valores de la entrega, del servicio, en las aspiraciones de justicia y solidaridad, en cada conversión, en los "pequeños", sufrientes e indigentes... La realidad humana, las culturas, están cuajadas de presencias del Espíritu y de la acción de Dios que construye el Reino; llevan a experimentar a Dios mismo. En la dimensión contemplativa de la misión; es hacerse "contemplativos en la acción".

Ambas dimensiones de la contemplación cristiana son inseparables. El Dios experimentado y amado en sí mismo y por sí mismo, y el Dios experimentado y amado en los hermanos. La primera dimensión subraya que el cristianismo es trascendente a cualquier realidad temporal, la segunda, que es encarnado e inseparable del amor al hermano. La primera recuerda el primer mandamiento del amor a Dios por sobre todas las cosas, y el absoluto de la persona de Jesús. La segunda recuerda el mandamiento semejante al primero, el amor al prójimo como a sí mismo y la presencia de Cristo en ese amor.

El Cristo encontrado y contemplado en la oración "se prolonga" en el encuentro con el hermano, y si somos capaces de experimentar a Cristo en el servicio de los "pequeños", es porque ya lo hemos encontrado en la oración contemplativa. La contemplación no es sólo el descubrir la presencia de Jesús en el hermano ("a mí lo hacéis"), sino igualmente un llamado a la acción en su favor, al compromiso liberador ("lo que hicísteis"). La contemplación de Cristo en el hermano sufriente y oprimido es un llamado al compromiso. Es el contenido histórico de la contemplación cristiana en la Iglesia Latinoamericana.

El encuentro-servicio con el pobre, en los creyentes es contemplativo, y hace de ellos "contemplativos en la acción", en la más pura tradición cristiana. Esto no es una experiencia automática; se produce en la medida que en la conciencia cristiana emerge el Cristo encontrado en la oración, como telón de fondo de la acción. "El Otro" experimentado en la oración contemplativa se experimenta en el encuentro con "los otros".

Este encuentro de Cristo en los otros tampoco se improvisa. Supone el haberlo contemplado en la oración, y esta experiencia se reactiva en el servicio a los demás, adquiriendo así un contenido social e histórico, y purificando nuestra orientación hacia los demás.

La entrega al hermano y a su liberación, por otra parte, en cuanto experiencia contemplativa, implica una presencia "acompañante" e intuitivamente iluminadora de ese mismo Cristo encontrado en la oración. Esta conciencia de Cristo es el punto de unión entre la oración y el compromiso e impide que este último se vacíe, abrazando ambos en una misma experiencia contemplativa. La mística cristiana es una mística de compromiso.

Hay que agregar, sin embargo, que el puro compromiso de suyo es insuficiente como fundamento de una espiritualidad y de una experiencia contemplativa. La experiencia de Dios en la oración queda siempre como el camino privilegiado de la contemplación cristiana. Por dos razones especialmente.

La primera es porque la vocación del hombre a "ver a Dios" ya en la tierra, es una vocación a contemplarlo tal cual es (aunque oscuramente), con toda la densidad que es posible en la condición humana. En la acción experimentamos a Dios a través de lo que no es Dios; en la oración lo experimentamos sin mediaciones, en la exclusividad del encuentro de la fe. Es un oscuro "cara a cara".

La segunda razón es porque la realidad humana, el prójimo, el pobre, (como revelación de Dios) son ambiguos. Nos revelan algo de Dios, pero también revelan pecado y ausencia de Dios. Nos acercan a Dios, pero también nos pueden alejar de Dios. En el hermano hay una presencia de Cristo, pero hay también el egoísmo y el pecado —y éste puede ser dominante—. En la realidad y en la historia hay signos de la acción de Dios, pero también del mal, la violencia y la injusticia y éstos pueden ser prevalentes.

Es por eso que la sola realidad, o la acción o el compromiso, o aun la misión, son insuficientes para fundar —solos— una espiritualidad, y un crecimiento de la fe. La fe, la esperanza y el amor cristianos requieren un alimento más puro, más denso, sin ambigüedades, como lo requiere también la experiencia de Dios. Por eso la celebración de la fe y la oración quedan como el lugar necesario y privilegiado en el camino de la contemplación cristiana. En la palabra y en los sacramentos —nos garantiza la Iglesia— la presencia salvadora de Dios es plena e inequívoca.

Estas experiencias densas y "demoradas" de Dios van a permitir que en la espiritualidad cristiana, la acción y el compromiso se revistan de las mismas cualidades y dinamismos de la oración contemplativa. De ese modo, los grandes temas místicos de la oración tienen una traducción en los compromisos cristianos. Veamos.

La esencia de la verdadera oración cristiana consistió siempre en "salir de sí para encontrar al Otro", a Dios. Al revés de una actitud que podría aparecer como egoísmo o como evasión de realidades y de responsabilidades, la verdadera oración es un acto supremo de abnegación y de olvido de sí, a fin de encontrar al Cristo y sus exigencias en los demás. En este sentido la oración está emparentada con los temas clásicos de la cruz y de la muerte. "Con Cristo fue crucificado algo de nosotros... hemos muerto con Cristo... para vivir para Dios" (Rom. 6). Lo cual implica la crucifixión del egoísmo y la purificación del "yo" como condición de la contemplación. Esta crucifixión del egoísmo en el olvido de sí, en esta dialéctica oración compromiso, se va a realizar tanto en la dimensión mística de la comunicación con Jesús en la noche luminosa de la fe, como en el sacrificio que supone el compromiso por los demás. La "muerte" del místico y la "muerte" del militante son las dos formas del llamado a aceptar la cruz como condición del discípulo (Mt. 16, 24).

La soledad, la aridez y la "noche oscura" que acompañan el ejercicio contemplativo como purificantes del egoísmo, y como medio para salir de sí para encontrar al "Otro", se dan también en el compromiso del cristiano, en el servicio del "otro". En efecto, para descubrir al "otro" como "otro" al cual yo debo entregarme, y no como prolongación de mí mismo y de mis intereses, se necesita salir de sí, morir, crucificar el egoísmo a través de una "noche oscura" de contradicciones y de un prolongado aprendizaje del amor fraterno. En la medida que nos purificamos para Dios, nos purificamos para el hermano y viceversa.

Esta capacidad de vivir para el hermano, sobre todo si se descubre pobre y pequeño, es la fuente decisiva del compromiso temporal del cristiano, y de la dimensión socio-política de su fe y caridad. Es la raíz de la dimensión pública y social de la contemplación, a veces indebidamente "privatizada" y "mistificada".

Junto al tema de la purificación, de la cruz y de la muerte, se sitúa el del "desierto", igualmente tradicional en la espiritualidad cristiana. Aquí también debemos recuperar su doble dimensión.

El desierto, en la tradición cristiana, es ante todo una actitud del espíritu. Pero muchos de los grandes contemplativos incluyendo a Jesús mismo (Mateo 4, 1), San Pablo (Gal. 1, 17), muchos profetas (V. gr. Ezequiel, Jeremías, Moisés y Elías, sobre los cuales volveremos luego) los primeros monjes, muchas órdenes contemplativas y Charles de Foucauld modernamente, acudieron al desierto geográfico en muchos momentos de su vida, para sentir esta actitud con la ayuda de un marco externo. El desierto geográfico es símbolo de una actitud de despojo, de situarse en la verdad y sin ilusiones delante de Dios, de pobreza radical que hace esperar todo del don de Cristo, de silencio para escuchar la palabra del "Otro".

El desierto es actitud de impotencia humana ante la Salvación. Es disponerse, en la dolorosa experiencia de su limitación, a recibir esta salvación gratuitamente, en la convicción oscura de que Dios nos busca y de que el cristianismo más que el amor del hombre a Dios, es el amor de Jesús que buscó primero al hombre.

El "desierto" se ha formulado en una referencia casi exclusiva a la vida mística y de oración. En la línea del "primer encuentro" del Nuevo Testamento a que nos referimos anteriormente, que nos relaciona contemplativamente con la persona de Jesús. Creemos que para recuperar el auténtico concepto de la contemplación cristiana, en una forma significativa para aquellos creyentes comprometidos en la acción, habría que extender la experiencia del desierto también al "segundo encuentro" al encuentro de Cristo con el hermano, en el pequeño.

La actitud misma del desierto, contemplativa, está unida a este compromiso. Si el desierto forjó a los grandes profetas, el actual profetismo cristiano necesita igualmente la actitud contemplativa del desierto. La actitud de "salir de sí", de reencontrarse con el absoluto y con la realidad verdadera de las cosas, propias del "desierto" permite al cristiano "salir del sistema" como sociedad injusta y engañosa, para denunciarla y hacerse libre frente a ella. Si el cristiano no se "retira al desierto" para salir interiormente del "sistema", no se hará libre y profeta para liberar a los demás. Si no supo hacer silencio en sí mismo, para acallar las "palabras opresoras" y escuchar la palabra de "la verdad que nos hace libres", no podrá transformar su medio. El desierto como experiencia en la acción, libera del egoísmo y del "sistema", es fuente de libertad y de capacidad liberadora.

La contemplación cristiana auténtica, que pasa a través del desierto, hace a los contemplativos profetas, y a los militantes místicos. El cristianismo realiza la síntesis del político y del místico, del militante y del contemplativo, superando la falsa antinomia entre el "religioso-contemplativo" y el "militante-comprometido". La contemplación auténtica, que a través del encuentro con "el absoluto de Dios" conduce al "absoluto del prójimo", es el lugar de encuentro de esta simbiosis difícil, pero tan necesaria y creadora para los cristianos latinoamericanos comprometidos en la liberación de los pobres.

En fin, el lazo indisoluble entre contemplación y compromiso en la experiencia cristiana, nos permite hablar de las diversas formas de las "espiritualidades de acción". A ellas se refiere la "espiritualidad de la liberación" (cap. I, 3) y la "espiritualidad de la misión", a la cual dedicaremos una reflexión más adelante.

2. LA ORACION CRISTIANA (3)

Como lo señalamos más atrás, la oración es la forma más eminente e insustituible de la experiencia de Dios. A la oración hay que aplicar de manera especial todas las características y exigencias que corresponden a la contemplación cristiana:

—La oración nos incorpora a la misma oración de Cristo al Padre, "siempre vivo intercediendo por nosotros" (Heb. 7, 25), y por ella entramos a participar en la experiencia de Dios propia de su humanidad, y en su actividad redentora. Por la oración seguimos al Cristo orante y contemplativo.

—La oración no se perfecciona por las técnicas y esfuerzos psicológicos (por útiles que éstos sean, como parte de los métodos de oración), sino por la vida según el Espíritu que ora en nosotros. El Espíritu Santo es el protagonista de la oración cristiana.

—El camino de la oración supone el camino de la conversión del corazón y de la búsqueda del amor y la abnegación de la vida. Al mismo tiempo, la oración purifica el corazón y nos arranca de los ídolos y las cegueras.

—La oración es una experiencia de Dios oscura, y habitualmente ardua y árida. Ello está en la misma naturaleza de una actividad en el nivel de la fe, que deja en la insatisfacción y en la semi-oscuridad a las facultades sensibles.

—La oración cristiana se apoya en la experiencia de Dios en la vida y en la acción, y conduce al compromiso.

La experiencia de la oración requiere la práctica de la oración. No hay espíritu de oración sin práctica de la oración. Al referirnos aquí a la oración, lo hacemos evidentemente en el sentido propio de la palabra: la actividad humana por la cual nos relacionamos con Dios de manera exclusiva. "Pensamos en Dios amándolo" (Santa Teresa).

Igualmente nos referimos a toda forma de oración: privada, en comunidad, la participación en los sacramentos y en la liturgia. Pues las diferentes formas y métodos de oración tienen esencialmente las mismas características y exigencias: la respuesta de amor al amor que Dios nos tiene.

Al discurrir sobre la práctica concreta de nuestra oración, entramos en un terreno arduo y problemático para cada uno. Parece que no sabemos orar (Lc. 10, 1). Parece que no encontramos a Dios, que nos distraemos y aburrimos. Nuestra oración pasa por continuas negligencias, distracciones y crisis. A veces basta un cambio de actividad o de régimen de vida, para que la oración se resienta. Nuestra oración parece improductiva, frágil y vulnerable...

Todo esto no debía sorprendernos, pues está en la misma naturaleza de la oración, por ser ésta una experiencia típica de la fe. Sin las convicciones y motivaciones de la fe, la oración no se entiende ni se practica. La oración es de las pocas actividades que realizamos puramente por fe, y puramente a causa de Dios. Al ser una experiencia de fe, la oración es oscura y frustrante para nuestro modo habitual de ser y actuar, que es poniendo en juego las facultades sensibles e intelectuales. Pero en la oración el Espíritu trabaja sobre "el fondo del alma", sobre la fe y el amor, dejándonos en el vacío de la sensibilidad y del modo de hacer humano. En este sentido, la oración es una ruptura, para entrar en el nivel de la fe y de la relación exclusiva con Dios, que es siempre mayor que nuestro corazón y nuestra razón.

De ahí que la práctica de la oración sea "violenta". Nos exige una cierta violencia, una opción de la fe. Salvo en raras ocasiones, la oración no es fácil ni espontánea; requiere una opción renovada cada día. Como opción, como "violencia", la oración se asemeja a otras prácticas evangélicas, que también van "a contrapelo": el celibato, el perdón de las ofensas, la opción por los pobres...

La oración es problemática, en suma, porque es la actividad más dependiente de nuestra vida de fe amorosa. La fe no es la oración, pero en el realismo de la condición humana, la oración es como el termómetro de la fe. No oramos por necesidad psicológica o emotiva. Muchos cristianos oran cuando "sienten necesidad" y dejan de hacerlo cuando no la sienten. Pero hay mucha gente que no siente necesidad de orar, y que no practican nunca la oración. Esperar a orar

173

sólo cuando la "necesidad" sentida nos lo pide, significa en la práctica posponer la oración indefinidamente. Oramos no por "sentir necesidad", sino por una convicción de fe y para revestirnos de Cristo por amor.

El problema del tiempo que dedicamos a la oración depende también muy a menudo del vigor de nuestra fe. El crecimiento de la oración no es cuestión de tiempo: no crecemos en la experiencia de Dios sólo por acumular prácticas de oración cuantitativamente. Pero al mismo tiempo, el crecimiento en la oración es cuestión de tiempo: debemos dar tiempos a la oración, a estar exclusiva y demoradamente con Dios. Cada cristiano, por su vocación y raíz contemplativa, está llamado a un cierto tiempo de oración, y si en forma habitual y sistemática estamos bajo ese tiempo, experimentaremos a la larga una "anemia" espiritual y apostólica, un estancamiento del proceso de la conversión y una debilidad ante la tentación (Lc. 22, 40-46).

Tenemos a menudo la excusa de no encontrar suficiente tiempo para la oración; parece que nuestros trabajos y deberes son incompatibles con tiempos de oración.

Pero sabemos por experiencia que la cuestión de encontrar tiempo es una cuestión de convicción y de valores; en este caso la convicción y la valoración de la fe. Pues encontramos tiempo para aquello que valoramos, y no lo encontramos si no valoramos. El "tener tiempo" es siempre una cuestión de escala de valores. En la práctica, basta que nuestras convicciones sobre la oración sean débiles o vacilantes, para que cualquier otra actividad se anteponga a ella.

A pesar de todo, hay que reconocer que la vida y el quehacer moderno no facilitan una práctica sistemática de la oración, a pesar de que haya buena voluntad. Hay que aprender a rezar entonces según el ritmo adecuado de cada uno, que no siempre podrá ser un ritmo diario. Esto implica el tener, con periodicidad, momentos más fuertes y prolongados de oración. A eso responden los retiros, las reuniones de oración, etc. Según su ritmo propio, el cristiano contemplativo ha de saber reservarse esos momentos "fuertes", donde recuperamos el equilibrio espiritual, y también humano y nervioso; donde introducimos una experiencia de "desierto" en nuestra vida, que nos vuelve a colocar en la verdad delante de Dios y delante de nuestra vida y actividades.

Pues la oración es la única actividad capaz de devolver y de mantener la unidad en nuestra vida, siempre tironeada y exigida por preocupaciones, actividades y tensiones dispares y desintegrantes.

¿La oración es un fin en sí, o es un medio para vigorizar nuestra vida y nuestra fe? La oración es ambas cosas al mismo tiempo. Es un fin en sí, porque en la condición terrena es la realización de la vocación humana a vivir en comunión con Dios, a experimentar a Dios. Además, la oración nos prepara y adecúa para la visión definitiva y cara a cara con Dios.

La oración es un medio porque nos hace redentores como Jesús, y por ella influimos en la vida y en los acontecimientos. La oración nos hace redentores con Jesús, porque en ella, como el Señor en la soledad del desierto, en el jardín de Getsemaní o en la cruz, cargamos con el pecado del mundo, y liberamos a nuestros hermanos y a nosotros mismos de las raíces del mal, del egoísmo y de la ceguera. En el nivel de la redención y de revestirnos de Cristo, la oración es eficaz. En el nivel de identificarnos con la voluntad de Dios, la oración es eficaz (Lc. 11, 9-13). Cristo nos ha prometido que si oramos con constancia se nos dará "el Espíritu bueno": nuestro ser y actuar se convertirán progresivamente, creceremos en la vida según el Espíritu y la imitación de Cristo; nosotros y aquellos por los que oramos.

Pero Jesús no ha prometido que la oración es eficaz en orden a resolver cualquier necesidad, cualquier deseo, cualquier capricho. O en orden a resolver aquello que Dios quiere que haga el hombre, con la inteligencia, responsabilidad y ciencia que Dios mismo le ha entregado. La oración no es para sustituir la responsabilidad humana; tampoco es un "salvavidas". Cuando oramos por un enfermo, por ejemplo, lo más propio de la oración no es que la salud necesariamente vuelva, sino que ese enfermo se identifique con la voluntad de Dios, y viva su enfermedad como un hijo de Dios.

En la mejor tradición espiritual de la Iglesia, hemos insistido en el valor y primado de la fe en la práctica de la oración cristiana. Pero eso no nos debe dejar con una idea "espiritualizada" y desencarnada de la oración. Por la naturaleza encarnada de la fe, y porque el sujeto de la oración es una persona que tiene fe, y no una fe impersonal, la oración cristiana tiene también una antropología.

Toma en cuenta al hombre concreto, cultural, con un cuerpo, con una existencia y un ser sensible a palabras y a signos. Este elemento antropológico de la oración cristiana ha sido a menudo olvidado por los pastores, no solamente en la oración litúrgica sino también en la oración privada. Para que la oración abarque la plenitud de una persona que se relacione con su Dios, no podemos menospreciar las posturas, las actitudes corporales; la inteligibilidad y el valor afectivo de los signos religiosos, de las expresiones vocales, de los textos que nutrirán la oración... Esto, que es esencial a la liturgia no debe ser tampoco descuidado en la educación de la oración personal. Esto lleva a algunas consideraciones:

El problema de nuestra oración está ligado a nuestro modo de vivir. Hay estilos de vida, sin ningún control ni disciplina personal, sicológicamente incompatibles con actividades que nos exigen el ejercicio de la fe, como la oración. Si ello no existe no tendremos la libertad necesaria para un encuentro con Dios auténticamente contemplativo.

Aquí adquiere valor especial el estilo evangélico de nuestra vida, la lucha contra el mal, la abnegación y la ascética, la superación de las tentaciones (ver cap. IV, 1). Igualmente influye en la oración una vida afectiva sana, la capacidad para hacer silencio e interiorizar, el dominio de nosotros mismos y el dominio de nuestra propia acción, (lo contrario a todo esto se llamó en la espiritualidad tradicional el "activismo")... En suma, si es bien sabido que vivimos según rezamos, es igualmente verdad que rezamos según vivimos.

Otra consideración importante de la antropología de la oración se refiere al método de oración. Este es un aspecto que tendemos a ignorar demasiado a menudo, tal vez por reacción a la rigidez e importancia excesiva que tomaron los métodos de oración, sobre todo a partir del siglo XVI. Pero el método es simplemente el ayudarnos, ayudar a nuestras facultades a concentrarse en Dios, a hacer la "ruptura" entre el quehacer diario y la oración.

A partir de la experiencia probada, las escuelas de espiritualidad han ofrecido, y ofrecen, diversidad de métodos, a través de la historia. Ningún método puede imponerse, porque depende mucho de cada persona, y de la etapa de su vida. Con el subsidio de alguno de esos métodos, debemos llegar a un método simple, personal, que no estorbe al Espíritu Santo, y al cual no nos apeguemos. Pues los maestros del espíritu nos advierten que el método se hace más innecesario cuando más se progresa en la oración, y que al permanecer atados a métodos y prácticas cuando el Espíritu ha comenzado a dirigir e impulsar más directamente la oración, es contraproducente.

Cada época ha privilegiado unos métodos sobre otros. Hoy cultivamos mucho los métodos de oración común, a partir de intercambio del evangelio y de testimonios, o de oración y cantos compartidos. Ello nos recupera el valor de la oración eclesial, litúrgica, en común. Sólo que habría que recordar que la oración privada mantiene siempre su valor, pues corresponde al modo muy personal de actuar el Espíritu en cada uno (Mt. 6, 6 ss.). La vida de oración del cristiano debe saber equilibrar la oración común con la oración privada, sin abandonar ninguna de las dos formas, y usándolas en la proporción que aconseje la espiritualidad de cada uno (unos oran mejor en privado, y otros mejor en la oración común o compartida).

En todo caso, debemos saber que la oración está llamada a evolucionar y a progresar. Su tendencia es a simplificarse, a hacerse cada vez más contemplativa y conducida por el Espíritu, menos discursiva y metódica, hacia una presencia (experiencia) de Dios percibida sólo en el claroscuro de la fe y del amor.

Pero aun en sus etapas más elevadas, la oración mantiene su aridez, su cúmulo de distracciones, y la sensación de nuestra incompetencia. Es que la oración tiene mucho del misterio de la fe y de Dios mismo. En la oscuridad y en la incompetencia, Jesús nos ha pedido que oremos con constancia, sin desanimarnos (Lc. 11, 5 ss.). La oración cristiana no es tanto lo que nosotros logramos o descubrimos, sino lo que Jesús hace en nosotros a través de su Espíritu.

NOTAS AL CAPITULO V

1. SAN JUAN DE LA CRUZ. *Cántico espiritual:* MARTI BALLESTER J.. *El cántico espiritual leído hoy* Ed. Paulinas. Madrid 1979: STA. TERESA DE AVILA, *Vida; Las Moradas;* VOILLAUME R., *En el corazón de las masas.* Ed. Studium. Madrid 1962; GALILEA S.. *Espiritualidad de la Evangelización...,* Ed. CLAR. Bogotá 1980 (c. 9); MERTON T., *Semillas de Contemplación,* Sudamericana. Buenos Aires; BOFF L.. *La experiencia de Dios.* Ed. CLAR. Bogotá 1975; TREMAN E. *La mística carmelitana,* Herder. Barcelona 1981.
2. BETTO F.. *Oración en la acción.* Ed. Vozes. Petrópolis (Brasil), 1978; GALILEA S., *Contemplación y apostolado,* Ed. Indoamerican Press. Bogotá 1973; SOBRINO J.. *La oración de Jesús y del cristiano,* Ed. Paulinas. Bogotá 1981, 2a. ed.
3. STA. TERESA DE AVILA, *Camino de perfección;* VOILLAUME R.. *Cartas a los hermanos* (vol. I) Ed. Desclée de B., Bilbao 1963; COMBLIN J.. *La oración de Jesús,* Ed. Sal Terrae. Santander 1978.

VI
Exigencia del amor fraterno

1. EL AMOR FRATERNO

Ya hemos tocado varios puntos con respecto a la fundamental exigencia del amor fraterno en la espiritualidad cristiana. Al hablar de la identidad de la espiritualidad, hemos señalado que ésta ha de encarnarse (cap. II, 4), y que el lugar privilegiado de la encarnación de la fe se da en la relación con el hermano.

Hemos dicho también que el rostro de nuestro hermano, particularmente del hermano pobre y oprimido, es una de las fuentes indispensables que alimentan la espiritualidad cristiana (cap. III, 4). Hemos señalado igualmente que la experiencia de Dios es inseparable del compromiso y del amor hacia nuestros hermanos y hermanas, (cap. V, 1), y que la conversión a Dios es igualmente indisociable de la conversión al amor del hermano (cap. IV, 3).

Hemos visto así mismo que la exigencia del amor fraterno se traduce en el mandamiento de la misericordia, anunciado por Jesús en las bienaventuranzas (cap. III, 1), y que la venida del reino en la historia se da en términos de misericordia y de fraternidad.

179

La fraternidad cristiana es el fruto del amor fraterno: en la medida que la caridad progresa en el mundo, en las sociedades, en las comunidades y en las familias, va surgiendo ahí la fraternidad. Pues el amor que Jesús trajo al mundo, y por el cual entregó su vida, no se reduce a las puras relaciones individuales, sino que tiende a crear una fraternidad, una comunión, como forma de relación en todas las formas de comunidad humana.

De esta forma la espiritualidad cristiana responde a la gran utopía del reino predicado por Jesús: la comunión de los hombres entre sí, inseparable de la comunión de los hombres con Dios y de la vocación humana a la felicidad y fraternidad eterna. Igualmente la espiritualidad cristiana responde al anhelo, siempre frustrado, del espíritu humano, de las filosofías e ideologías, de los movimientos sociales, por caminar hacia la solidaridad, la justicia plena y la fraternidad.

La fraternidad cristiana. (La espiritualidad de la comunidad) (1)

En la realización de la fraternidad cristiana está nuestro desafío. Y si la gran realización de Cristo —y por lo tanto la del cristianismo— es la Iglesia, es absolutamente imperativo antes que nada que la *Iglesia sea fundamentalmente una Fraternidad.* De otro modo perdería su relevancia en el mundo y su credibilidad será seriamente dañada. Que la Iglesia sea una Fraternidad quiere decir que ella, en todas sus expresiones, y agrupaciones debe realizar el acontecimiento de la fraternidad cristiana; quiere decir que toda comunidad de Iglesia, debe ser una *fraternidad cristiana,* so pena de no distinguirse ya de otras agrupaciones profanas o religiosas análogas.

Decíamos que el ideal de la fraternidad desborda el cristianismo, y que de alguna manera ha constituido una constante en todas las religiones e ideologías sociales, hasta nuestros días. Pero junto a estos diversos ideales de fraternidad, siempre insuficientes, el evangelio nos propone su ideal pleno, absolutamente original y exigente. Hasta el punto que podemos decir que el gran mensaje de Jesús fue el revelarnos el sentido último de la fraternidad humana.

Esto había sido ya esbozado progresivamente en la revelación judaica. El pueblo judío era un pueblo de hermanos, aunque esta hermandad estuviera prácticamente limitada solamente a aquellos que participaban de la misma nacionalidad o religión. Aquellos que eran hijos de Abraham (Lv. 19, 17). A través de la historia de Israel, Dios va educando y preparando al pueblo a una fraternidad más amplia, más universal, que era a menudo explícitamente anunciada por los profetas (Is. 66, 18). Pero hasta la aparición de Jesús, la fraternidad judía era aún nacionalista y su tendencia a la universalidad vaga e imprecisa.

El evangelio aportaría un ideal nuevo de fraternidad. Tan nuevo, que al comienzo muchos cristianos —y aun algunos Apóstoles— no cayeron en la cuenta. (De ahí, por ejemplo, las discusiones entre judaizantes y helenistas, las incomprensiones entre Pedro y Pablo, la idea en algunos de un cristianismo simplemente continuación del judaísmo...).

Este peligro no fue sólo de los primeros cristianos "judaizantes". Acechará siempre a la comunidad cristiana, tentada siempre de ser un grupo más de hombres que pertenecen a un credo y rito comunes, pero olvidando que esencialmente están exigidos de realizar la *fraternidad cristiana como acontecimiento*. Por eso es tan importante reflexionar cómo Jesús y su Evangelio proponen la fraternidad, cuáles son sus características y exigencias.

Ello nos ayudará a entender mejor las exigencias concretas que el amor fraterno presenta para la espiritualidad cristiana.

a) La fraternidad cristiana está marcada por un hecho original: Cristo Señor se ha hecho verdaderamente hermano de los hombres. La fraternidad por lo tanto encuentra su eje en esta relación fraterna que tenemos con Jesús.

La integración histórica de Dios en la raza humana a través de Jesús, el hijo de María no es un mito ni una idea abstracta. Significa que él queda para siempre nuestro hermano, hermano mayor, es cierto (Rom. 8, 29), pero en nada diferente a sus demás hermanos (Heb. 2, 17). En adelante, la base puramente natural de la fraternidad —la raza humana, concepto vago y susceptible de diluirse— queda reformada por la relación fraternal que cada persona está llamada a tener con el Hombre Jesús, lo cual establece entre cada uno de nosotros una nueva relación interpersonal.

En otras palabras, somos hermanos porque Jesús es hermano de cada uno de nosotros.

Este hecho, sin embargo, admite *diversos grados de hermandad.* Si Cristo es hermano de todos los hombres, lo es en forma especial de aquellos que buscan en sus vidas la verdad, la justicia y el amor (Mt. 12, 50; Mc. 3, 35: "el que hace la voluntad del Padre, ese es mi hermano..."). Jesús también tiene una relación fraterna muy original y propia con los cristianos, sus discípulos, a los que llamó a veces en forma exclusiva "mis hermanos..." (Mt. 28, 10; Jn. 20, 17; Hch. 1, 15; Rom. 1, 13; I Cor. 1, 10; etc.).

Esto constituye una de las tensiones dialécticas propias del cristianismo; "el cristiano es hermano de todos" —"el cristiano es hermano a título único, de los otros cristianos". Por eso es que se debe realizar la caridad fraterna en primer lugar con los demás cristianos (Mt. 8, 15), y que hay una exigencia del todo especial para que el acontecimiento de la fraternidad comience para realizarse al interior de la comunidad cristiana.

b) La fraternidad cristiana descansa sobre lo que puede considerarse la gran revelación de Jesús al corazón del hombre: el hecho de que la hermandad humana tiene un Padre.

Esa es tal vez la diferencia fundamental entre la fraternidad cristiana y las demás búsquedas de fraternidad. Este es el gran límite de estas últimas: el querer hacer una hermandad sin padre. Esto está en la base de muchas frustraciones ideológicas y del drama del ateísmo humanista y marxista: la fraternidad humana, la solidaridad humana tiene que hacer referencia al Padre de los hermanos.

La idea de que no hay verdadera fraternidad sin una paternidad común y que la paternidad común de Dios crea fraternidad, aparece ya algo en el Antiguo Testamento (Is. 63, 16; Mt. 2, 10). Pero es Cristo mismo quien hizo de este hecho el corazón de su mensaje (Jn. 20, 17; Mt. 6, 9; Lc. 11, 2; Mc. 11, 25; etc.).

La fraternidad cristiana, por lo tanto, no es sólo secular e intramundana. Nos permite esperar que ésta se realizará ciertamente algún día, aun a pesar de la limitación humana, puesto que no es sólo producto de nuestro esfuerzo, sino también de la proyección de la paternidad de Dios sobre la raza humana. Nos permite suprimir toda discriminación, ya que el título de tener un Padre común arrasa con cualquier pretexto de distinción o superioridad. Nos permite superar la tentación de vivir un cristianismo puramente *secular y fraternal,* ya que desde que Dios se nos reveló como Padre en Jesús, todo esfuerzo sincero de crear la hermandad humana nos lleva al Padre (aun sea implícitamente), y prefigura la fraternidad definitiva de todos los hombres con él. Nos permite, en fin, superar la idea que la liberación es una tarea puramente temporal y política, sino que es radicalmente la acción en la historia de Cristo liberador, don del Padre, aunque mediatizada temporalmente.

c) Por todo lo dicho, además de todos los valores de solidaridad humana que unen a los hombres, la fraternidad cristiana está basada en la solidaridad de la fe común.

Históricamente, la hermandad humana se crea y refuerza por ciertos valores humanos, que crean solidaridad. La sangre, la amistad, la lucha y destino histórico común, los intereses y trabajos comunes. La misma experiencia histórica igualmente nos enseña que en muchos casos, existencialmente, la fraternidad cristiana pasa a través de estos valores y los supone, así como la solidaridad en Cristo se descubre en las vías históricas de la solidaridad humana.

Más allá de los valores comunes a la raza humana —que inspiran a ésta la nostalgia de la hermandad universal— Jesús hizo posible este sueño del hombre al poner la fe como el trasfondo de la fraternidad cristiana. Esta hermandad en la fe no es un consenso abstracto en ciertas doctrinas o en la valoración de algunos ritos, que la práctica demuestra por sí solos incapaces de crear fraternidad. La fe que el Evangelio nos revela como levadura y dinamismo de la fraternidad cristiana es la aceptación de la Paternidad de Dios como el imán de la hermandad humana, de Jesús como verdadero hermano nuestro, del mensaje de las bienaventuranzas como la herencia común de los cristianos (Mt. 23, 8; Hch. 2, 42).

En este sentido, la sola conciencia de esta fe común debería bastar, entre cristianos, para poner en marcha la fraternidad. Esta conciencia será necesariamente reforzada por valores psicológicos y sociológicos, pero de suyo tiene fuerza muchas veces para realizar el acontecimiento de la fraternidad cristiana. Por eso, por ejemplo, para celebrar la eucaristía no siempre es necesario que los asistentes se conozcan previamente —aunque en el plano psicológico sea muy útil—, y lo mismo se puede decir de cualquier reunión específicamente cristiana, a condición que la conciencia común de la fe en Jesús y en su mensaje de fraternidad estén suficientemente presentes.

d) La fraternidad cristiana no tiene características sectarias, sino que está llamada a la universalidad y a la comunión con todos los hombres y grupos humanos.

Decía más arriba que la fraternidad cristiana estaba en tensión con la fraternidad humana: el cristiano es hermano, a título único, de los demás cristianos; el cristiano es hermano de todos. Un aspecto nos habla de lo específico del cristianismo, de la hermandad en la fe; el otro de su continuidad con los valores y anhelos de la fraternidad humana, y de la universalidad del evangelio. Acentuar sólo lo primero haría del cristianismo una secta; privilegiar lo segundo diluiría la comunidad. Ambos aspectos se llaman y complementan, hasta el punto que si por un lado la fraternidad cristiana tiene límites (la fe común) por otro esas mismas condiciones que la limitan le exigen la universalidad. Es más, la misma exigencia de fe común que define la fraternidad cristiana está al servicio del *todo,* es para mejor realizar la fraternidad universal.

El llamado a la igualdad fraterna y universal es una de las características más típicas y de cualquier comunidad que quiere ser reconocida como cristiana. Ante este desafío han naufragado por de pronto numerosos ideales profanos y religiosos de fraternidad, que no han logrado superar ya sea la posición de clase, de raza, o de opciones ideológicas... y la misma comunidad cristiana tiene aquí materia para un examen de conciencia evangélico y absolutamente indispensable.

e) La comunidad o fraternidad cristiana no sólo está abierta a todos (catolicidad) sino que está al servicio de todos, y de alguna manera representa a toda la humanidad, a la manera que el "resto bíblico" representa a la "multitud", y el fermento a la masa. Esto nos ayuda a dar sentido a la presencia de las comunidades cristianas, en apariencia débiles y minoritarias, en medio de las multitudes descristianizadas.

La historia humana —que a causa de Cristo es la historia de la liberación y de la salvación del hombre— está dominada, ya desde los primeros capítulos de la biblia, hasta el día de hoy, por la idea que esta salvación se instrumentaliza a través de un *"resto"* (Pueblo o porción elegida), que entresacado de la *"multitud"* está al servicio de ella y en cierto modo la representa. Dios salva *a todos* a través de la misión histórica *de unos pocos.* Sin este criterio fundamental de la intervención de Dios en la historia no es posible entender ni la Iglesia, ni por lo tanto la comunidad cristiana.

Este criterio se expresa ya en la historia de Abraham con el cual comienza propiamente la historia de un *"resto elegido"* al servicio de la totalidad.

El pueblo que nació de Abraham —Israel— es minúsculo en casi todo sentido, menos el religioso, en comparación con la multitud de civilizaciones y pueblos de la época. Era un *resto.* Pero tenía un mensaje, una promesa y una herencia que a la larga beneficiaría a toda la multitud de pueblos de la tierra. Es verdad que con el tiempo Israel olvidó su vocación universalista, que su elección en definitiva significaba la elección de una multitud. Se fue limitando en una religión nacionalista y sectaria. Pero al interior de este Pueblo siempre se conservó un *"resto fiel",* que mantenía el auténtico sentido de la revelación veterotestamentaria y de la vocación de Israel (Is. 4, 3). Salvado de la cautividad, que dividió en dos la historia de Israel, el *"pequeño resto",* siempre minoritario en una religión nacionalista y decadente, continúa fiel a la promesa (Neh. 1, 2). Podemos decir que antes, durante y después del cautiverio hubo un *resto* en Israel que mantuvo la promesa de universalidad y de cuyo seno nacería el Maestro de todos.

Cristo aparece en la historia como la realización del "resto de Israel". El mismo, en relación a su tiempo, a su Pueblo y aun a sus discípulos —quienes nunca terminaron de asimilarlo— es un "resto solitario". Su misión se sitúa en esa línea: existir y morir en beneficio de la multitud.

Al formar la comunidad de los Apóstoles, Jesús quiere hacer de ella la semilla de la Iglesia, que habría de continuar su obra a modo de un "resto" al servicio de la multitud. Después de su pascua, cada comunidad eclesial, revestida de fraternidad, es heredera de la vocación del "resto de Israel" y de la entrega de Jesús "para la salvación de todos".

Esta realidad debe realizarse hoy día en cualquier comunidad eclesial. Fuera de esta perspectiva no se comprende el cristianismo ni la misión del cristiano en el mundo, que es la de seguir la suerte de Cristo, ser un *pequeño resto* en beneficio de la multitud (Mc. 10, 45).

El Evangelio nos adelanta algo sobre el hecho, aparentemente desconcertante, que los cristianos son *pequeño resto* en medio del mundo. Jesús se refirió a ellos como *pequeño rebaño* (Lc. 12, 32); *ovejas entre lobos* (Mt. 10, 16); subrayó que "los obreros eran pocos con respecto a la mies" (Mt. 9, 37) y que "los llamados eran muchos pero los escogidos pocos" (Mt. 22, 14). La sociología, a través de la historia, ha reforzado esta visión: la comunidad cristiana nunca fue ni es mayoritaria en relación al mundo entero, y el futuro estadísticamente nos presenta una disminución relativa en relación al crecimiento demográfico mundial. La fraternidad cristiana, con todas sus exigencias, de hecho se realiza y realizó en minorías. Pero esta realidad, a primera vista desanimadora no nos debería crear ni una mística del fracaso, ni una ideología teológica de secta, ni complejos de inferioridad. Más bien nos estimula a penetrar en la esencia de un cristianismo, basado en la fe, en el evangelio, en la idea de fraternidad, y en una Iglesia heredera de la misión y de la suerte del "resto de Israel", de Jesús de Nazaret y de la fraternidad de los Doce.

En medio de la multitud, la fraternidad cristiana es como la sal (Mt. 5, 13), cuya función es dar gusto al alimento hasta el punto que la sal cae en olvido en beneficio de un alimento que quedó a gusto. Es como el grano de trigo (Jn. 12, 24), que no interesa que quede solo, sino que se pudra y disuelva para transmitir su fecundidad. Está llamada a perder su vida, no a conservarla (Jn. 12, 25), a fin de enriquecer a todos. Hoy en día los hechos que van provocando la secularización se caracterizan porque la sociedad secular tiende a realizar y proclamar ciertos valores que antes eran privativos de la comunidad cristiana. (La búsqueda de paz y justicia, la caridad pública, la dignidad de la mujer, de todas las razas, la educación, etc.). Esto alegra a la Iglesia, cuya misión no es monopolizar valores sino transmitirlos al mundo, comunicándole sus características fraternales. En vez de deplorar esos hechos como competitivos a la comunidad cristiana o como lesivos a la influencia de la Iglesia, deberíamos contemplarlos como signo que el evangelio va lenta e imperceptiblemente realizando su misión, y que la fraternidad por él proclamada se va haciendo realmente universal.

Siguiendo a Jesucristo, la Iglesia y las comunidades cristianas evangelizan al mundo y le transmiten amor fraterno no sólo por las actividades apostólicas, sino también por la inmolación de sí mismas, como el "pequeño resto" que representa a todos y que se ofrece al Padre por la redención de todos.

No puede ser de otra manera, desde el momento que Jesús salvó a la multitud plenamente con la entrega de su persona. La inmolación implica la oración y el sufrimiento del cristiano y de la comunidad como tal, que se incorpora al sufrimiento de Cristo por la fe y por la oración. La inmolación cristiana es el sufrimiento diario de cada hombre iluminado y transformado por la oración. Así la comunidad cristiana continúa la acción de Jesús, cuya inmolación representó a todos y abrió para todos el camino de la verdadera liberación. La comunidad cristiana no sufre ni más ni menos que las demás comunidades, pero al dar a su inmolación un sentido de misión, es capaz de representarlas ante el Padre y de redimir el dolor de la multitud, haciéndolo liberador.

f) La fraternidad cristiana crea una relación privilegiada de hermandad con todo hombre o grupo humano oprimido o en necesidad, los pobres y los "pequeños" del evangelio (Mt. 25, 40). El cristiano y la comunidad cristiana deben reconocer en toda persona un hermano, y actuar en consecuencia; pero muy especialmente los pobres y "pequeños" son sus hermanos.

Quiero decir que en la espiritualidad cristiana, la presencia de Jesús en los pobres y el amor a ellos tienen un lugar primordial. Dedicaremos el próximo capítulo a esta cuestión.

La misericordia que crea fraternidad: la solidaridad (2)

La bienaventuranza de la misericordia (cap. III, 1) nos enseña que, según el evangelio, ésta consiste al mismo tiempo en la solidaridad y compromiso de amor eficaz con el hermano necesitado y que sufre miseria, y en el perdón de las ofensas y la reconciliación. La misericordia es la práctica del amor fraterno, y nos indica los caminos concretos de la encarnación del amor: la reconciliación y la liberación de las miserias. La enseñanza de Jesús, además, nos revela que la práctica de la misericordia es la única vía universal que crea fraternidad (nos hace hermanos y hermanas los unos de los otros). Ese es el mensaje de la parábola del samaritano, que es la parábola de la verdadera práctica de la misericordia y del amor fraterno (Lc. 10, 25-37).

Al terminar la parábola, Jesús le pregunta al doctor de la ley; "¿Cuál de estos tres se portó como hermano (prójimo) del hombre que cayó en manos de los salteadores?" (Lc. 10, 30).

Quiere decir que los tres no fueron hermanos del herido. Podrían haberlo sido, pero de hecho lo fue "el que se mostró misericordioso con él" (Lc. 10, 37). El sacerdote no es hermano del judío, y tampoco el levita. El samaritano sí. Para Jesús el ser hermano de los demás no es algo "automático", como un derecho adquirido. No somos hermanos de los otros mientras no actuemos como tales. Debemos hacernos hermanos de los demás, por la práctica de la misericordia.

El cristianismo no nos enseña que "de hecho" ya somos hermanos. Querría decir entonces que enseña una irrealidad. La experiencia del odio, la división, la injusticia y la violencia que vemos cada día nos hablan de lo contrario. No somos hermanos, pero debemos serlo. Esa es la enseñanza y la capacidad que nos da el evangelio: Jesús nos exige, y nos da la fuerza para "hacernos hermanos". Pero el serlo de hecho depende de nuestra actitud de "mostrarnos caritativos", comprometiéndonos con el otro.

El samaritano fue hermano del herido. No por su religión (el sacerdote, el levita y el judío tenían la misma religión; el samaritano era un hereje), ni por su raza o nacionalidad o ideología (era precisamente el único de los tres que no la compartía con el judío), sino por su actitud caritativa.

Mi prójimo no es el que comparte mi religión, mi patria, mi familia o mis ideas. Mi prójimo es aquel con el cual yo me comprometo.

Nos hacemos hermanos cuando nos comprometemos con los que tienen necesidad de nosotros. El compromiso en el amor es la medida de la fraternidad. No somos hermanos si no sabemos ser eficazmente caritativos hasta el fin.

Para acercarse al judío, el samaritano tuvo que hacer un esfuerzo por salir de sí, de su raza, su religión, sus prejuicios. "...Hay que saber que los judíos no se comunican con los samaritanos..." (Jn. 4, 9). Tuvo que dejar de lado su mundo y sus intereses inmediatos. Abandonó sus planes de viaje, entregó su tiempo y dinero. En cuanto al sacerdote y el levita, no sabemos si eran peores o mejores que el samaritano, pero sí sabemos que no salieron de "su mundo". Sus proyectos, que no quisieron trastornar interrumpiendo su camino, eran más importantes para ellos que el llamado a hacerse hermano del herido; sus funciones rituales y religiosas las consideraron por encima de la caridad fraterna.

El hacerse hermano del otro supone salir de "nuestro mundo" para entrar en "el mundo del otro". Entrar en su cultura, su mentalidad, sus necesidades, su pobreza. El hacerse hermano supone sobre todo entrar en el mundo del pobre. La fraternidad es tan exigente y difícil porque no consiste sólo en prestar un servicio exterior, sino en un gesto de servicio que nos compromete, que nos arranca de nosotros mismos para hacernos solidarios con la pobreza del otro.

Hacerse hermano del otro, como éxodo de mi mundo, adquiere las características de una reconciliación. Al tratar como prójimo al judío, el samaritano se reconcilia con él, y en principio con los de su raza. Cada vez que hacemos del otro nuestro prójimo y hermano, en circunstancias de conflicto y división personal, comunitario o social, nos reconciliamos con él. Que el rico se haga hermano del pobre significa que le hace justicia, estableciendo el proceso de una reconciliación social. Lo mismo habría que decir de los políticos separados por ideologías, o de las razas y nacionalidad adversarias.

La noción de prójimo proclamada por Jesús en su respuesta al doctor de la ley conduce a la fraternidad universal, a la justicia y a la reconciliación. Hacernos prójimos del pobre y necesitado es la exigencia que nos plantea la interpretación que el mismo Cristo da al segundo mandamiento de la Ley. Esta exigencia es para cada uno de nosotros: "Vete y haz tú lo mismo" (Lc. 10, 37).

La reconciliación cristiana (3)

La misericordia como el perdón de las ofensas es la otra cara del amor fraterno. Si la misericordia como compromiso construye la fraternidad, el perdón mutuo la reconstruye y la consolida. Evita que la división y el rencor que producen las ofensas debiliten o paralicen la comunidad.

¿Qué es propiamente la reconciliación cristiana? La reconciliación es la vuelta a la amistad o a la hermandad, en personas, familias, grupos sociales o naciones, que estando llamados a ser hermanos, han roto su hermandad o amistad. La reconciliación es más que la "conciliación" (que es un acuerdo más o menos provisorio entre las partes): es la restauración de la hermandad destruida. De ahí que la reconciliación tiene siempre la modalidad de un "regreso", de una reconstrucción, de un reencuentro.

Evidentemente que la idea de la reconciliación no es privativa del cristianismo —aunque haya servido muy aptamente para formular el sentido de la obra de Cristo—: reconciliar a los hombres con Dios y entre sí. La idea de la reconciliación tiene también vigencia en las relaciones humanas, sociales y políticas. Los políticos hablan de "reconciliación nacional", de reconciliación en los conflictos, o en la confrontación de países. Ciertamente que la idea de la reconciliación responde a un ideal humano, y a una ley de la sociedad. La historia de las sociedades y los pueblos no está sólo atravesada por la dialéctica de los conflictos y de las injusticias de unos contra otros, sino también por los esfuerzos por restablecer la paz, el entendimiento y la reconciliación.

Pero el discurso de la reconciliación es a menudo insuficiente e interesado ("ideologizado") en el mundo político. Puede plantearse como un ideal que encubra injusticias y conflictos legítimos no resueltos. La reconciliación no puede ser un manto que encubra los abusos y los pecados sociales.

Se impone entonces la necesidad de plantear la reconciliación en su perspectiva evangélica.

Las exigencias de la reconciliación cristiana son las exigencias de la paz —que es la reconciliación consolidada—: la justicia y el perdón.

a) Restablecer la justicia es condición para la reconciliación cristiana. Por de pronto, una de las causas habituales de la división y del deterioro en las relaciones de aquellos grupos o pueblos que por vocación (historia, cercanía, lazos humanos) están llamados a vivir como hermanos, son las injusticias, las diversas formas de abuso y explotación del hombre por el hombre. En condiciones de injusticia persistente, plantear la reconciliación sin más, no es realista, y salvo casos de mucha madurez evangélica, supera las condiciones de la psicología humana. Por eso la Iglesia, en continuidad con la tradición bíblica (desde el profeta Isaías), enseña que la reconciliación que lleva a la verdadera paz es la obra de la justicia (Cf. Conc. Vat. II, *Gaudium et spes,* 78; *Pacem in Terris* 167; *Pop. Progressio* 76; Medellín, Paz 14).

La justicia en marcha desaloja el camino de los obstáculos, conflictos y rencores provocados por las injusticias y abusos, y prepara la reconciliación. Pero es insuficiente. Un acuerdo justo, la superación de injusticias a satisfacción de las partes, no bastan para recrear la hermandad. La hermandad va más allá de la pura justicia; supone restablecer el encuentro y las formas de comunión. Se puede vivir en justicia, pero distantes y recelosos. Una comunidad puede realizar la justicia —nadie tiene cargos contra nadie— y no practicar el amor y la misericordia. Hay justicias muy frías.

Lo que sucede es que la pura realización de la justicia después de los conflictos no puede borrar las heridas y las ofensas dejadas por los conflictos. Lo propio de las confrontaciones humanas es que durante ellas las partes se ofenden y hieren mutuamente. Estas ofensas son algo objetivo, cuyo recuerdo y consecuencias subsiste más allá de la justicia posteriormente conseguida. Después de los conflictos, las gentes afectadas quedan con cargos unos contra otros. Ello impide culminar el proceso de la reconciliación, y restablecer la amistad o hermandad perdida.

b) Por eso el perdón mutuo de las ofensas es igualmente necesario para la reconciliación y la consolidación de la paz. En personas, familias, grupos sociales, naciones. Sólo el perdón supera los vestigios del conflicto, y deja realmente libre el camino de la reconciliación. El perdón es usar de misericordia, y la miseria va más allá de la justicia y de las liberaciones humanas.

En la perspectiva del Nuevo Testamento la reconciliación y la paz es igualmente obra del perdón. Esto ha sido sintetizado en las bienaventuranzas de la misericordia y de los que trabajan por la paz. Esta exigencia, por la que Jesús ha completado la antigua ley, desde entonces forma parte del mensaje cristiano. "Saben que se dijo: amarás a tu prójimo y odiarás a tu enemigo. Pero yo les digo: amen a sus enemigos y oren por los que los persiguen, para que sean hijos de su Padre celestial... Porque si ustedes aman a los que los aman ¿qué mérito tienen?..." (Mt. 5, 43 ss.). La forma práctica de amar al enemigo es perdonarlo y estar dispuesto a reconciliarse con él cuando se den las condiciones para ello.

La necesidad del perdón para re-crear toda convivencia humana no es sólo una exigencia del cristianismo y de su espiritualidad. También en la vida política los hombres son conscientes de esta necesidad. Saben que sin un esfuerzo por olvidar las ofensas del pasado y restañar sus heridas, la "reconciliación nacional" después de los conflictos se hace muy difícil. A este objetivo responden las amnistías. La amnistía es la versión profana, política, del perdón. La amnistía tras los conflictos no es de por sí la reconciliación; pero sí es crear las condiciones políticas para facilitar un "comenzar de nuevo" y crear un ambiente de reconciliación y de posibilidad de perdón. Cuando la amnistía (de todas las partes afectadas) se promueve sobre una base de justicia, es un medio eficaz para la reconciliación en los grupos humanos.

Sin embargo, es preciso recordar que la reconciliación es una exigencia que debe acompañar los procesos conflictivos desde un comienzo, y no tan solo aparecer al final, una vez superadas las confrontaciones y logrado un acuerdo. No hay que olvidar que la meta de la convivencia y de las relaciones sociales en todos sus niveles, también en los procesos de lucha y conflicto, es la reconciliación de los hombres y de los grupos sociales. Si esta meta no está presente desde un comienzo, al final el perdón y la reconciliación pueden hacerse extremadamente difíciles. Aun durante los conflictos, la idea de la vocación a la reconciliación debe hallarse presente, para no quedar frustrada al llegar su momento. Así, la exigencia de la reconciliación juega el papel, desde el inicio, de humanizar los conflictos.

Los conflictos entre partes y la lucha social (y aun las guerras) pueden seguir un proceso humanizado o deshumanizado. También las confrontaciones deben regirse por la ética. Esta ética, en buena parte, consiste en el respeto de los derechos humanos, incluso para los actores en lucha. El resguardo de los derechos humanos por todas las partes en litigio, es lo que humaniza los conflictos. La violación de los derechos humanos des-humaniza el conflicto, creando heridas y ofensas innecesarias, que a la larga surgen como grave obstáculo en el momento de la reconciliación.

Al decir que la mística de la reconciliación debe acompañar desde el comienzo los conflictos humanos, queremos decir que esta no debe ser sólo una aspiración a promover una vez terminadas las confrontaciones, sino que debe ser operante y crear una actitud humanizante durante todo el proceso conflictivo. La vigencia de la mística de la reconciliación se expresa preferentemente en el respecto a una ética y a los derechos humanos en tiempos de confrontación. Ello facilita en gran medida la disposición de amnistía, de perdón y de reconciliación. Los abusos, crueldades, venganzas, y toda forma de violación de la dignidad humana durante los conflictos, de tal manera divide y deshace la hermandad, que a la hora de plantear la exigencia de reconstruirla, ello exigirá una actitud espiritual que de hecho no se puede pedir a todos. En estos casos, deben pasar una o dos generaciones para restablecer las condiciones de serenidad que hagan posible la reconciliación.

La verdad es que la reconciliación es necesaria no como un "lujo", sino para que la justicia sea consistente y para que la liberación sea humanizante, y para que no se creen nuevas opresiones e injusticias. Y la justicia es necesaria para que la reconciliación sea viable y permanente.

2. La madurez del amor (4)

El amor fraterno tiene su origen en Dios, que es Amor y que nos amó primero. El difunde su amor en nosotros, por el Espíritu, a fin de que en cada uno el amor crezca, madure, y se parezca al auténtico amor, al amor con que Cristo nos amó. Si podemos amar, es porque Dios nos comunica su amor. Si podemos amar, es a causa de la muerte de Cristo, por amor, y de su resurrección, que han hecho posibles el amor.

Este amor de Jesús es la medida del amor. El ideal cristiano sobrepasa el puro humanismo de la caridad ("no hacer a los demás lo que no queremos que nos hagan; hacer a los demás lo que queremos que nos hagan"), y nos empuja a amar como Cristo amó. Por eso el crecimiento del amor no tiene límites en nuestra vida. Por eso el aprender a amar es la gran tarea de la espiritualidad cristiana, siempre inacabada. Existe a veces el peligro de concentrar la espiritualidad en otras metas, en otros valores, y de no dar la primacía a la práctica del amor, San Pablo nos recuerda que de nada serviría entregarnos a los pobres, o al martirio, si nos falta el amor (I Cor. 13, 1 ss).

Ante el mandamiento de crecer en el amor, debemos reconocer que no sabemos amar. Nuestro amor suele ser una caricatura (Rom. 12, 9). Nuestro egoísmo, nuestras preocupaciones y nuestra sensibilidad, nos acaparan. Igualmente sabemos que la caridad fraterna es la realización cristiana y humana más difícil: llegar a amar como Cristo ama. Que en la tierra nunca alcanzaremos la perfección del amor; sabemos que fracasamos continuamente, que no sabemos superar las divisiones y rencores, que somos cada día cobardes en el servicio, en la acogida, en el perdón y en dar algo de nuestra vida por los demás. Todo eso no quiere decir que no queremos amar, o que de hecho no amemos. El amor es el camino del amor; amar es querer amar. Lo que Dios nos pide, esencialmente, no es el éxito de la caridad, sino el esfuerzo permanente por crecer en el amor, y la lucha por aprender a amar, que comienza cada día.

En la lucha por madurar en el amor, la dimensión "humana" y "evangélica" del amor caminan al mismo tiempo. No hay separación entre el amor humano y la caridad cristiana. El mandamiento del amor que Cristo nos dio coincide con la vocación del hombre a crecer afectivamente (cap. IV, 2), a dar y darse por encima de recibir y poseer. Jesús ciertamente ha ensanchado el horizonte y las exigencias del amor, y le ha dado unos motivos y un sentido nuevo. Pero sus exigencias de caridad evangélica se realizan y desenvuelven al interior del amor humano, la afectividad y el corazón aunque superados por la fe y la acción del Espíritu. (Por lo cual el amor fraterno no siempre es sensible y gratificante).

Aprendemos a amar siguiendo a Jesús por amor. Una vez más, él nos muestra la verdadera práctica del amor, y nos comunica la luz y la vida para poder amar como él amó.

Detengámonos en algunos de los rasgos de ese amor de Jesús, que cualifican nuestra propia madurez en el amor.

Siguiendo a Jesús, la caridad y la misericordia ha de privilegiar las dos formas de miseria que privilegió el Señor: los pobres y los pecadores. La miseria material y la miseria espiritual. La opción preferencial por los pobres (predilectos del evangelio), y la búsqueda de "lo que estaba perdido": los alejados, impíos y corrompidos (beneficiarios de la redención). Jesús se identificó con los pobres y oprimidos, y desde esa perspectiva se entregó a la conversión y redención de todos los pecadores, pobres y no pobres. Las categorías de "pobre" y "pecador" no son excluyentes. La miseria del pecado atraviesa todas las clases sociales, y la misericordia como compromiso por liberar del mal moral abarca a todos los hombres.

El amor cristiano es universal. Es indiscriminado. Ningún ser humano ha de ser excluido de nuestro amor, que se compromete a liberar de la miseria material o espiritual. Esta exigencia del amor universal está, nuevamente, muy bien descrita en la parábola del samaritano. La misericordia que usó el samaritano con el herido es propuesta por Jesús como modelo de la ley del amor al prójimo ("Haz tú otro tanto"). Presentando al samaritano como aquel que por amor supo superar los prejuicios y sectarismos que lo separaban del judío herido para ir en su ayuda, Jesús establece la norma de la misericordia cristiana. Estar dispuesto a servir y a hacerse hermano de cualquiera que aparece en el camino de nuestra vida y que tiene necesidad de nosotros. Cualquiera sea su ideología política, clase social, situación moral, etc.

El amor universal es la prueba de que la fraternidad que ella construye es signo de la venida del Reino de un Dios que es Padre misericordioso de todos, y que hace salir el sol de su bondad sobre buenos y malos (Mt. 5, 45).

El amor cristiano se realiza en el realismo de lo concreto. Se relaciona inmediatamente con "la" persona concreta que aparece en el camino de nuestra vida y que tiene derecho a esperar nuestra misericordia.

El camino del amor es extremadamente realista. Con esta exigencia Jesús nos arranca de la tentación de un amor universal abstracto e idealista, que olvida a los inmediatamente cercanos por los lejanos. La tentación de optar por los pobres en general, y no por los pobres que viven con nosotros o que participan de nuestra sociedad concreta. La tentación de tener preocupación misionera por los alejados y pecadores de Asia o Africa, y no por los que habitan nuestro barrio o que comparten nuestra vida y trabajo.

El imperativo de construir fraternidad se verifica en el ámbito limitado de "mis" relaciones humanas. La prueba de la madurez del amor se da en usar de misericordia con los rostros concretos que encontramos cada día.

El amor cristiano debe revestirse de rasgos sensibles. El amor debe expresarse en actos, compromisos, gestos, actitudes, amistad. El amor de misericordia que no se expresa con un rostro concretamente humano, queda idealista (pura intención interior) y abstracto. Separa la actitud interior de la práctica exterior, cuya unidad es esencial en la espiritualidad cristiana. Los rasgos de comunión sensible de la misericordia son una exigencia de su mismo realismo y concreción. El samaritano llevó su compromiso por el herido hasta tomar todas las medidas y diligencias humanas que su miseria requería.

En efecto, el compromiso por el "otro" no es una opción de una voluntad de amor desencarnado. La caridad cristiana incluye la expresión humana, sensible y amistosa de la naturaleza encarnada del amor. Forma parte de la espiritualidad la encarnación del amor. Ello no viene solo. No es cuestión de pura orientación del corazón y buena voluntad interior. Requiere la educación del carácter y del temperamento, pues el amor concreto va envuelto en los valores y defectos de un determinado temperamento.

Lo que bloquea la caridad cristiana no siempre es la mala voluntad, el orgullo o el egoísmo conscientes. A menudo son fallas que provienen de una mala educación del carácter, o de inmadurez psicológica ya que es a través del carácter y de la psicología que se vehicula el amor. El hecho de que estas fallas no envuelvan pecado o no sean deliberadas, no nos exime del esfuerzo por reconocerlas y superarlas, dado el daño que ejercen en la expresión del amor y en la comunicación. Por falta de educación, un temperamento excesivamente tímido o distraído puede bloquear el dinamismo de la misericordia y las señales humanas de la caridad. Podemos herir a los demás por distracciones u otras fallas del carácter, a veces sin percibirlo. Y un cristiano no tiene derecho a ciertas distracciones, complejos, agresividades, que paralizan el amor fraterno.

Hay un sector del ser humano donde se mezclan el temperamento y el egoísmo más o menos consciente, y que habitualmente dejamos en la sombra. Pero el amor de Jesús debe trabajarnos aun en estos sectores oscuros de nuestro ser; aun en lo inconsciente, ahí donde surgen los prejuicios, antipatías y divisiones. Es verdad que sólo en el cielo llegaremos a la perfección del amor, pero su maduración y crecimiento en el camino de la vida han de tener el radicalismo y la perseverancia que requiere la fidelidad a la exigencia fundamental del evangelio.

El amor de castidad (5)

La castidad cristiana es una de las expresiones más maduras de la caridad evangélica. La castidad es un signo de la madurez del amor, y sus exigencias difícilmente serán liberadoras y humanizantes fuera del contexto de la caridad fraterna.

La castidad es una modalidad del amor, y por eso es parte de la espiritualidad. La castidad se da en el celibato (y en ese caso es una modalidad radical del amor), o en el matrimonio, pero en todo caso es una exigencia universal, en vistas del ideal humano y cristiano: la exigencia a renunciar al egoísmo en las relaciones con las personas del otro sexo; la exigencia a la fidelidad en el compromiso de amor contraído. (Amor al cónyugue en el casado; amor a Jesús con exclusividad en el célibe).

Las exigencias de la castidad sólo se entienden en la perspectiva de un amor siempre mayor, al cual estamos llamados, y que culmina en el reino de los cielos, "donde ni los hombres ni las mujeres se casarán" (Mt. 22, 30); y en la perspectiva del amor fraterno y de la fraternidad: la castidad es "no usar" al otro. El amor de castidad, al formar parte de la "pureza de corazón" a la que nos llama la bienaventuranza, facilita la libertad y la apertura del corazón, reforzando el amor fraterno: su delicadeza humana, su universalidad y su profundidad. La falta de castidad constriñe el dinamismo del amor.

La castidad a la que nos llama el evangelio sólo es posible, y se hace liberadora y fuente de fraternidad, si está en coherencia con los demás valores de la espiritualidad y de las bienaventuranzas. El amor de castidad supone una experiencia contemplativa, y la tradición espiritual siempre vio una estrecha relación entre castidad y contemplación. ("Los puros de corazón verán a Dios"). Primero, porque las razones más hondas de la castidad vienen de la experiencia de la fe, del amor a Jesús y su reino y esas razones las penetramos por la luz de la contemplación. Segundo, porque la castidad es una forma eminente de purificación de los ídolos y de las cegueras del egoísmo, y San Juan de la Cruz nos enseña que a mayor pureza del espíritu, mayor adaptación a la experiencia de Dios.

De ahí que la castidad evangélica, y especialmente el celibato, supongan una vida de oración, y que la oración, por su lado, sea tan vulnerable a la infidelidad en la castidad.

Igualmente, el amor de castidad supone el hábito de la renuncia y del control de nosotros mismos. Supone una salud y un equilibrio afectivo y psicológico, y aun nervioso; en una palabra, supone una maduración del amor tal como lo hemos recordado más atrás.

Por ser una de las exigencias originales de la espiritualidad evangélica, la castidad, como la oración o la pobreza, requiere siempre una opción de fe. La castidad nunca está consolidada en nuestra vida; debemos optar por ella cada día, y adquirirla paciente y progresivamente a través de toda nuestra existencia. En este proceso, sabemos que las exigencias del amor de castidad evolucionan, por las diferentes edades y circunstancias de la vida. Como en la oración, debemos, en las diferentes etapas, volver a aprender a amar sin egoísmo, aprender a atravesar las crisis con serenidad y fidelidad al amor con el cual ya nos hemos comprometido. Nos ayuda en eso el ser realistas, el conocer nuestros límites y las "coordenadas" y debilidades (diferentes en cada persona) con respecto a la castidad. Sobre todo debemos ser sinceros con nosotros mismos y en nuestra relación con Jesús, de modo que no haya ningún rincón de nuestro ser oscuro o secreto, donde no penetre la luz y la gracia de Cristo.

NOTAS AL CAPITULO VI

1. RATZINGER J., *La fraternidad cristiana*, Ed. Taurus, Madrid 1966.
2. GALILEA S., *Espiritualidad de la evangelización según las bienaventuranzas*, Ed. CLAR, Bogotá 1980.
3. GALILEA S., *Espiritualidad de la evangelización...*
4. VOILLAUME R., *En el corazón de las masas*, Ed. Studium, Madrid 1962.

VII

El amor a los pobres y a la pobreza

1. EL POBRE EN LA ESPIRITUALIDAD CRISTIANA (1)

El amor al hermano pobre es la verificación del amor fraterno. El amor a los pobres, nuestros hermanos privilegiadamente, traducido en misericordia, solidaridad y lucha por su justa causa, es una constante en la tradición espiritual de la Iglesia. No sólo es exigencia inescapable del amor, sino que es fuente de espiritualidad y de experiencia de Dios (ver cap. III, 4; cap. IV, 3; cap. V, 1: cap. VI, 1). Al señalar los valores que matizan la experiencia espiritual desde América Latina, hemos recordado que uno de ellos es el sentido cristiano del pobre (cap. I, 3).

El valor tradicional —y hoy muy actual— del amor a los pobres, oprimidos y sufrientes en la espiritualidad cristiana, tiene su origen y último fundamento en Dios mismo, que se ha revelado como un Dios de predilección por los desamparados, y que ha establecido entre su rostro y el rostro de los pobres una relación particular. Por eso, en el cristianismo los pobres y deshumanizados de la tierra no son sólo una realidad social, o un problema que llama a la compasión y justicia humanas: en el cristianismo, el pobre es una categoría religiosa; es decir, tiene que ver con Dios. El amor y servicio al pobre es amar y servir a Dios; la injusticia y la falta de misericordia con el pobre es una ofensa a Dios.

Los antecedentes de esta visión religiosa del pobre se remontan al Antiguo Testamento, y está muy especialmente marcada en los profetas del Exilio. Sabemos que la religión de los judíos de entonces estaba muy centrada en el culto a Dios, en las prescripciones legales y rituales. Durante el Exilio, esta mentalidad religiosa entró en crisis, pues el pueblo se encontró sin las posibilidades de su culto tradicional "...no tenemos ni un sitio donde ofrecerte primicias..." (Dan. 3, 38).

En estas condiciones, los profetas aprovechan para educar a ese pueblo en otras dimensiones esenciales de la religión (v. gr. Is. 1, 10-17; 58, 6 ss... etc.). Su mensaje es más o menos el siguiente: "No importa tanto no tener sacrificios que ofrecer, porque la religión que Dios quiere y la conversión que Dios quiere es ante todo que hagan misericordia y justicia al oprimido, al huérfano, a la viuda... El sacrificio que agrada a Dios es romper las cadenas injustas, desatar los yugos, liberar a los oprimidos, compartir el pan con el hambriento, albergar a los pobres sin abrigo, vestir al desnudo...". Es decir, la caridad con el hermano necesitado, el pobre, tiene para Dios un valor religioso. Equivale a dar culto a Dios. Equivale a convertirse a Dios.

Así emerge en la biblia la dimensión religiosa del pobre. En adelante, el sentido de Dios se irá comprendiendo y expresando más y más unido al sentido del pobre.

Esto quedará consagrado y profundizado en el nuevo testamento. Cuando María, a la espera de Jesús, proclama en su canto del Magnificat que la salvación de Dios tiene que ver con la justicia hacia los pobres (Lc. 1, 52 ss.), ella se sitúa en la mejor tradición de los profetas, en la línea de los "pobres de Yavé": ese pequeño resto que había comprendido y mantenido su fe en el auténtico mesianismo y en la auténtica religión enseñada por los profetas.

Parece inútil traer a colación la enseñanza de los Apóstoles al respecto, y como ellos han hecho de la religión cristiana un amor, a Dios y al hermano, y sobre todo al necesitado (V. gr. 1 Jn. 3, 16 ss.; Sant. 2, 14 ss.; 5, 1 ss.; etc...).

Esta dimensión religiosa del pobre permanece intacta en la Iglesia y fue siempre enseñada por ella. Está en la doctrina de todos los Padres de la Iglesia, de todos los Papas y de su magisterio más autorizado. Todos los cristianos saben que no se puede agradar a Dios sin tener, de alguna manera, lo que hemos llamado el sentido del pobre. Es posible que en épocas y lugares esta enseñanza se haya oscurecido, sobre todo en la predicación y vida cotidiana. Que sociológicamente la Iglesia haya dado otra imagen. Pero en medio de todo, y en los momentos aun de decadencia, nunca se puede desconocer que el impulso más autorizado y auténtico de la Iglesia sostuvo siempre el amor del pobre como esencial al espíritu cristiano.

Los santos, aquellos cristianos con los que la Iglesia se identifica como los que han comprendido y vivido el evangelio auténtico, nos ofrecen este mismo testimonio. El santo tiene siempre un gran sentido de Dios y un gran sentido del pobre. No hay santo significativo que no haya proyectado su amor a Dios en un compromiso, a menudo institucionalizado, con los pobres concretos de su época. Ciertas formas de compromiso hoy nos pueden parecer insuficientes o "paternalistas"; se situaban en sociedades, épocas y culturas que siempre influyeron en la mentalidad de la Iglesia y de los santos. Pero lo que interesa aquí es la mística del pobre como parte privilegiada de su espiritualidad.

La vigencia de esta mística en la pastoral corriente es un hecho que refuerza la dimensión religiosa del pobre como esencial e "intuitiva" a la Iglesia. La experiencia permanente nos enseña que cuando un cristiano o grupo de cristianos inicia su conversión, comienza a tomar en serio su fe, se plantea en seguida el problema de los pobres que los rodean. Qué hacer por ellos, cómo comprometerse, cómo compartir y solidarizar. Las formas de acción pueden no ser siempre las más maduras y adecuadas; lo interesante es la percepción religiosa del compromiso con los pobres como esencial al itinerario de la conversión.

Esta intuición cristiana, universal y fundamental, no puede tener otro origen que la enseñanza del evangelio, de la cual la Iglesia es eco fiel.

Este eco, bien lo sabemos, alcanza en América Latina especial resonancia, y está dramáticamente presente en la experiencia de los cristianos y en el magisterio.

Así la situación de aflicción y angustia de los pobres es la primera solidaridad de la Iglesia (Puebla 27), que "invita a todos (los cristianos) sin distinción de clases, a aceptar y asumir la causa de los pobres, como si estuviesen aceptando y asumiendo su propia causa, la causa misma de Cristo" (Mensaje a los Pueblos). En Puebla, la primera opción misionera es por los pobres y oprimidos, y por su liberación cristiana (sobre todo Nos. 1134, 1159 a 1161).

Jesús y los pobres (2)

Jesús es la definitiva revelación de Dios como el Dios de los pobres. El Dios que los ama con predilección, que trae un reino preferentemente para ellos, que ejerce su misericordia en especial con los que sufren más miseria y deshumanización, y que trae justicia y fraternidad a los más oprimidos y marginados de la hermandad humana.

Jesús se revela como el Dios de los pobres, en ese sentido, en primer lugar por su vida. Nace en el "lugar" de los pobres, y vive la mayor parte de su vida en medio de ellos, compartiendo la oscuridad y dureza de una aldea periférica y despreciada (Jn. 2, 46). En su misión se rodeó de gente sencilla, y aunque siempre anunció la esperanza del reino a todos, sin distinción, fue entre los marginados, los enfermos y los desamparados donde más realizó los signos de liberación total que acompañaban su predicación. Su muerte en el despojo y el desamparo, es la rúbrica final de su identificación con los pobres. Por su vida, Jesús precede a sus discípulos en la opción preferencial por los pobres.

Es bien conocido que el amor de Jesús por los pobres y oprimidos está condensado en el discurso de las bienaventuranzas de Lucas (Lc. 6, 20 y 21). Al declarar que el reino pertenece a los pobres, los hambrientos y los afligidos, Jesús está declarando que el reino se está ofreciendo a ellos preferentemente, que el reino hace causa común con los pobres, y que para ellos especialmente un evangelio de fraternidad y liberación es una "buena noticia".

El mensaje de la bienaventuranza está presente en todos los restantes discursos de Jesús sobre el lugar privilegiado de los pobres en su reino, y sobre la necesidad de amarlos preferentemente si queremos ser sus discípulos. De entre ellos, merece especial atención la parábola del juicio final (Mt. 25, 31-46). En ella encontramos la exigencia del amor a los pobres con sus diversas dimensiones, todas ellas muy significativas para la espiritualidad cristiana.

a) A partir de la parábola ("venid, benditos de mi Padre, tuve hambre y me disteis de comer, etc. ...apartaos de mí, malditos: tuve hambre y no me disteis de comer, etc. ...") el sentido del pobre aparece como una condición necesaria para la salvación y para la acogida del Reino.

En efecto, aquí Jesús explicita un criterio importante por el cual él distinguirá los "buenos" de los "malos". Este criterio mira la actitud que se ha tenido con el hermano necesitado (simbolizado por el hambriento, el sediento, etc.). Aquel que durante su vida se abrió a la necesidad del hermano que apareció en su camino, entrará en el reino. El que se cerró sistemáticamente al pobre, quedará fuera de él.

Aunque no debemos reducir la criteriología de la salvación cristiana a esta parábola —Jesús también ha indicado otros criterios de salvación y condenación: el amor a Dios por sobre todas las cosas, la oración, la verdad, la fidelidad en el amor, etc.— aquí, sin embargo, nos señala que el amor del pobre forma parte del camino de la salvación y del reino.

b) En la misma parábola, Jesús aun va más allá en su enseñanza sobre el pobre, llegando hasta identificarse con él, "...lo que hicísteis a uno de estos hermanos míos más pequeños" —los hambrientos, desnudos, enfermos, etc.— "a mí lo hicísteis" (Mt. 25, 40).

El sentido de pobre que aparece como intuitivo al cristianismo, tiene aquí su última raíz evangélica: la fe nos lo revela como sacramento de Cristo, misteriosamente identificado con él. Aquí emerge nuevamente la dialética bíblica entre la fraternidad universal y el privilegio del pobre: Jesús se identifica con todo ser humano, cercano o lejano, pobre o rico; Jesús se identifica de una manera privilegiada con el prójimo necesitado. Cristo explicitó en su enseñanza esta identidad ("a mí lo hicisteis") con más fuerza que cualquier otra. Por eso podemos hablar de la dimensión religiosa del pobre.

Si el compromiso con el pobre nos pone en el camino de la salvación, sus motivaciones evangélicas nos ponen en el camino de la santificación. La presencia de Jesús en él transforma nuestro compromiso en un camino de espiritualidad cristiana (ver cap. V, 1, "Contemplación y compromiso").

c) A partir sobre todo de la enseñanza de San Lucas, el sentido del pobre para Jesús no sólo es significativo en orden a la salvación o a la espiritualidad cristiana. Lo es igualmente en orden a la evangelización y a la misión de la Iglesia. Jesús nos enseñó que la autenticidad y la credibilidad del Evangelio está unida al hecho de que la comunidad que evangeliza privilegie o no a los pobres en su predicación y en sus tareas de liberación humana.

En otras palabras, en cualquier pastoral, aquello que la hace auténtica y creíble para los demás, es la opción por evangelizar y liberar, en primer lugar, a los pobres. Dos dimensiones inseparables en la enseñanza y en la actividad de Jesús.

En la sinagoga de Nazaret (Lc. 4, 13 ss.), Jesús quiere afirmar la credibilidad del mensaje que comenzaba a anunciar. Para ello, recurre a la profecía de Isaías: "El Espíritu del Señor está sobre mí, porque me consagró. Me envió a traer la Buena Nueva a los pobres" —los pobres son privilegiados en la evangelización— "a anunciar a los cautivos su libertad y devolver la luz a los ciegos; a despedir libres a los oprimidos..." Los pobres son privilegiados en la liberación.

Es verdad que el sentido evangélico del discurso de Jesús apunta a una ceguera, a una opresión, a una cautividad más interior y profunda que las solas categorías sociológicas: la ceguera, la opresión y cautividad del pecado. Pero esta significación plena se hace creíble y significativa por el hecho que también es acompañada por la liberación de las cegueras, las opresiones y las cautividades humanas.

Eso se clarifica cuando vemos la actitud de Jesús anunciando la Buena Nueva: Cristo en medio del pueblo, unió siempre su llamada a la fe y a la conversión de ese pueblo con su empeño por liberar a los más pobres de sus servidumbres humanas, dentro de sus posibilidades, y yendo al encuentro de las ocasiones. "Predicaba la Buena Nueva del Reino y sanaba todas las dolencias y enfermedades de la gente" (Mt. 4, 23).

La misma enseñanza, aún más explícita, la tenemos en San Lucas (7, 18 y ss.). Los discípulos del Bautista están inquietos por saber si es Jesús el auténtico Mesías, o si deben esperar a otro. Juan los envía a hacer la pregunta al mismo Cristo. Este no les contesta directamente sí o no. Más bien les hace ver lo que significaba su manera de actuar y de predicar. Está en juego, pues, la autenticidad y credibilidad del evangelio de Jesús.

"En ese momento Jesús sanaba a mucha gente afligida de enfermedades, de achaques, de espíritus malignos y devolvía la vista a muchos ciegos. Jesús contestó a los mensajeros: vayan a contarle a Juan lo que han visto y oído: los ciegos ven, los cojos andan, los leprosos son purificados, los sordos oyen, los muertos resucitan, se anuncia la Buena Nueva a los pobres..." (Lc. 7, 21 y 22). Para Jesús, el que la gente afligida fuera liberada de sus servidumbres, y que los pobres recibieran la Buena Nueva, eran las garantías de credibilidad de su misión.

Este pasaje es extremadamente interesante, tomado en todo el contexto evangélico y en vista de la misión actual de la Iglesia. Nos muestra que la evangelización y la liberación de los pobres deben ir simultáneas. Nos señala la verdadera naturaleza de la evangelización liberadora.

La liberación que Jesús ofrecía a los afligidos iba más allá de la sola curación corporal, por liberadora que ésta fuera. Jesús promovía, integraba, des-marginaba socialmente a estos necesitados. Es típico el caso de la curación de los endemoniados, los leprosos y los ciegos, categorías sociales a las que Jesús privilegió en sus curaciones, como lo atestiguan los cuatro evangelistas. Son los milagros que más destacan y que más número de veces señalan.

Es que los endemoniados, los ciegos y los leprosos eran muy especialmente los "parias" de esa sociedad. Los leprosos y los posesos eran como no-hombres, despreciados y evitados hasta el extremo. Los ciegos —según la tradición judaica y oriental— eran sospechosos de pecado: la ceguera era también un mal moral. "Maestro, ¿por qué está ciego? ¿Por pecado de él o de sus padres"?, preguntan a Jesús en la curación del ciego de nacimiento (Jn. 9, 2). Al devolver la salud a estos afligidos, Jesús los libera, de una miseria corporal y de una servidumbre social.

Estas liberaciones ciertamente eran parciales y precarias. Insuficientes desde el punto de vista de una liberación plena de estas personas (aún mantenían otras formas de servidumbre, podían volver a ser víctimas de esas enfermedades). Insuficiente desde el punto de vista de una liberación global, que llegara hasta las causas y las estructuras de la opresión de esos pobres. No estaba en la misión de Cristo resolver por sí mismo todas las aflicciones y toda la problemática social de su época. Tampoco era ése, el primer objetivo de sus curaciones y milagros.

La significación más honda de estas liberaciones humanas, precarias y limitadas como eran, consistía en manifestar que la Buena Nueva que El anunciaba era una realidad auténtica y creíble. Eran liberaciones suficientes para mantener la esperanza en que el Dios de las promesas, el Dios liberador, estaba ahí presente y que no se había olvidado de su pueblo. "...Dios ha visitado a su pueblo" (Lc. 7, 16).

Al mismo tiempo, Jesús "anunciaba la Buena Nueva a estos pobres". Los evangelizaba. Los llamaba a la fe y a la conversión; a lo que hoy llamamos la "liberación interior": la de sus pecados, egoísmos y servidumbres espirituales. Para Jesús, esto lleva a su plenitud la liberación de los pobres; garantiza la liberación de las servidumbres sociales, dándoles su fundamento interno y su significado último: "Afánense, no por la comida de un día, sino por otra comida que permanece y da vida eterna..." (Jn. 6, 27).

Es decir, el pobre no es sólo un oprimido o necesitado social. Es también, como todo ser humano, un pecador que necesita de conversión. Al liberar al paralítico de su miseria (Lc. 5, 17), Jesús garantiza ante los doctores de la ley su poder de liberar de los pecados, subrayando así el contenido principal de su predicación y actividad salvadora.

Esta línea de acción de Jesús —de la cual Pablo VI se hace eco, en la "Ev. Nun." cap. 3, por mencionar sólo una orientación de Iglesia reciente— es capital una pastoral que quiere ser fiel al sentido del pobre. La evangelización de los necesitados y oprimidos no consiste sólo en concientizarlos, y acompañarlos en sus promociones y liberaciones humanas, no es tan sólo trabajar por la justicia y los derechos de los débiles. Es ciertamente todo esto, pues de lo contrario la liberación que trajo Cristo no se realiza en su totalidad, y el anuncio de la fe carece de credibilidad y de referencia histórica. Pero es también la evangelización en el mundo de los pobres un llamado igualmente urgente a su conversión, a la fe en Jesús, a la libertad interior y al servicio del "otro". Pues, en suma, también los pobres deben tener y ser fieles a lo que se ha llamado "la opción por el pobre". Como categoría cristiana, ésta es universal.

2. LA EXPERIENCIA DEL POBRE COMO ESPIRITUALIDAD (3)

Decir que la experiencia del pobre es espiritualidad cristiana, es lo mismo que decir que el amor eficaz a él, el servicio solidario para con él, no es sólo una experiencia sociológica, o pedagógica, o cultural o política, sino que es también una experiencia religiosa la experiencia de Jesús. Es lo mismo que decir que la experiencia de amor solidario con el pobre tiene un aporte insustituible en la experiencia del Dios cristiano y en la espiritualidad que brota de esa experiencia. Es en este sentido hondo que los pobres nos evangelizan y evangelizan a la Iglesia: son "lugar" de experiencia y de fidelidad al Señor (Puebla, 1147).

El hecho como experiencia misionera es bien conocido. Equipos pastorales y comunidades religiosas que han ido haciendo del servicio evangelizador de los pobres un estilo de vida, experimentan haber recibido de esos pobres aún más de lo que aparentemente han dado. Su fe, su idea del compromiso cristiano y aun la práctica de la espiritualidad se han enriquecido en la medida que, por motivos evangélicos, se ha encarnado en ellos la "opción preferencial por los pobres" a la que han sido llamados por la Iglesia.

Esta experiencia espiritual a menudo es difusa, no siempre es bien consciente, y no está exenta del peligro de la ilusión o del romanticismo. Pero la experiencia de suyo es sólidamente fundada en un hecho real, coherente con la lógica del cristianismo. Lo cual se pone en evidencia cuando justificamos, a modo de revisión misionera de vida, esta experiencia mayor de la Iglesia contemporánea: los pobres nos evangelizan; los pobres también evangelizan a la Iglesia.

¿Por qué la experiencia del pobre puede ser fuente de espiritualidad?

a) Por el sólo hecho de existir, los pobres y oprimidos nos interpelan. Prescindiendo de si tienen o no cualidades y valores, prescindiendo de si son buenos o malos, cristianos o no, la realidad de los pobres cuestiona nuestra conciencia cristiana y misionera. Nos ayudan a descubrir dimensiones más profundas de la conversión.

Por de pronto, nos arrancan de nuestras "tranquilidades" e "instalaciones", al revelarnos de una manera a menudo dramática el sufrimiento y la des-humanización de hermanos nuestros. Nos ayudan a salir del individualismo cristiano, y nos presentan como inevitables los imperativos de misericordia, de lucha por la justicia y de solidaridad fraterna de nuestra fe.

En suma, entendemos mejor, experimentalmente, que una dimensión esencial de la conversión al evangelio es la conversión al servicio del pobre. Y en la medida que esta "opción preferencial por el pobre" crece en nosotros, vamos advirtiendo sus exigencias: optar —convertirse al pobre— nos lleva a cambiar de "lugar social", de mentalidad y valoraciones culturales. La conversión cristiana es también una conversión de nuestros prejuicios y de nuestra visión socio-cultural en lo que tiene de ajena al evangelio y de eso hay mucho en cada misionero. La experiencia de la cultura de los pobres y de su "lugar social", marginado e injusto, nos llama e interpela a un "éxodo", a una "muerte" de tipo social y cultural que son propios de la conversión evangélica y que antes tal vez no habíamos advertido (ver cap. IV, 3, "La dimensión social de la conversión").

b) Es propio de la espiritualidad cristiana y de la conversión en la fe, el llevarnos a ver las realidades humanas, la sociedad y la historia con los ojos y criterios de Jesús. Estos criterios son diversos a los criterios "mundanos". Para Jesús, "los que aparecen primeros son los últimos, y los últimos primeros", los pobres son bienaventurados en la oferta del Reino, y los ricos y la riqueza malaventurados, los sabios e inteligentes según el mundo no entienden, y los humildes y sencillos entienden... Todo esto se opone a los juicios y criterios prevalentes, en que el poder y la riqueza están en el "centro" de la sociedad y de la historia, y los pobres en la periferia que no tiene influencia y que no hace historia.

La experiencia de los pobres nos ayuda a cambiar esta visión cultural, y a adquirir la visión del evangelio —la verdadera visión de la realidad. La visión y los criterios mediante los cuales Dios actúa profundamente, y mediante los cuales realiza— y ha ido realizando —su plan de redención liberadora a través de la historia. La visión cristiana es que la periferia, los pobres, son en verdad el centro de la sociedad y de la historia; que ahí comienza el Reino, y que en referencia a ellos y en el servicio de ellos los que aparentemente son el "centro" participarán en el Reino.

c) A partir de los valores de su religiosidad, los cristianos pobres viven una forma de "espiritualidad-cristiana-popular" que enriquece toda la espiritualidad de la Iglesia, particularmente de todos aquellos que por su comunión de amor con el pobre son influenciados por esa "espiritualidad". Esta "mística de los pobres" es en América Latina uno de los componentes de la emergente "espiritualidad latinoamericana", que ha de impregnar, como matiz general, las diversas espiritulidades que conviven en el pluralismo de la Iglesia (ver cap. I, 3, "¿Una espiritualidad latinoamericana?").

Los pobres en América Latina son "sujetos" de una espiritualidad, y no "objeto" de la espiritualidad de las élites que optan por ellos. Como sujetos de una modalidad espiritual, el mundo de los pobres comunica espiritualidad al mismo tiempo que recibe la espiritualidad de la Iglesia misionera entre ellos.

En efecto, las culturas populares y la consiguiente religión popular, propios del mundo de los pobres en América, han conservado actitudes y aspiraciones evangélicas que ya no van siendo habituales en otros grupos o áreas o clases sociales. No es el momento de analizar el porqué de esta preservación de valores evangélicos en el mundo popular, que está sin duda ligado al hecho de que los materialismos, secularismos y racionalismos aún no han penetrado su cultura. El hecho es que la experiencia del pobre es una experiencia también de valores evangélicos. (Experiencia que no hay que idealizar, y que está igualmente marcada en la ambigüedad y el pecado de la condición humana). Valores religiosos y valores humanos, a menudo difícilmente separables.

El pobre nos devuelve al sentido de la celebración, de los símbolos religiosos, de la fiesta como complemento del trabajo, al sentido de Dios sin complicaciones, a formas de solidaridad, de hospitalidad y de atención a los débiles que en otros grupos ya no se perciben. Todo esto, y más, tiene profundas afinidades evangélicas, cuya experiencia enriquece, evangeliza y purifica la espiritualidad de toda la Iglesia.

d) Objetivamente, la experiencia de los pobres ayuda a comprender y experimentar a Dios, al Dios que nos revela Jesucristo. Sabemos bien que una de las tentaciones de la espiritualidad cristiana (y más otras espiritualidades) es la de deformarse la idea de Dios; la de conformar a Dios según una cultura, una ideología, una cierta educación, o bien la de conformarse con el Dios de la religión natural o de la lógica racional (ver cap. II, 1).

Pero el Dios bíblico es un Dios diferente. Es un Dios sorprendente e inmanipulable; un Dios cuya experiencia desafía nuestras categorías mezquinas. Es un Dios que no lo podemos empezar a conocer si él no se nos va revelando. Esa revelación de Dios se llama Jesús de Nazaret, y este Jesús se nos revela (de entre otras maneras y "lugares" privilegiados) en el rostro de los pobres.

Los pobres nos evangelizan porque en contacto con su experiencia nos recuerdan una dimensión del Dios de Jesús que sin ellos tendemos fácilmente a olvidar: que Dios se ha vinculado indefectiblemente a la condición humana, al sufrimiento, a la pobreza, al desamparo y a la muerte violenta. Que nuestro Dios es un Dios crucificado, y que toda esta condición es lo que lo hace un escándalo para los "bien-pensantes" pero al mismo tiempo una experiencia liberadora para los desamparados y crucificados de este mundo.

Los pobres nos evangelizan porque en su rostro descubrimos el misterio de Dios como un Dios siempre mayor que nuestros esquemas y nuestros conformismos; un Dios que llevó al extremo su misericordia y su solidaridad con la miseria humana.

Todo esto nos llevó a afirmar que el pobre es uno de los "sacramentos" privilegiados de la experiencia de Jesús entre nosotros. Jesús quiere revelarse particularmente en el hermano pobre y necesitado, y hacer del servicio y de la solidaridad para con él, una experiencia espiritual (ver más atrás, cap. VII, 1; y cap. V, 1).

A causa de su fe, y a causa del compromiso contraído con los pobres por Jesús y su evangelio, el misionero puede hacer de su opción e inserción entre los pobres una experiencia de Dios y por lo tanto ser evangelizado por esta experiencia. La palabra de San Mateo en la parábola del juicio final: "lo que hicisteis con uno de estos hermanos míos más pequeños, lo hicisteis conmigo", se transforma en una experiencia misionera concreta, y en un elemento de espiritualidad, cuando por obra de esa palabra la opción por el pobre se plenifica como encuentro con el Cristo de la fe. Así, la experiencia cristiana de compromiso con el hermano, particularmente el pobre, viene a formar parte de la misma experiencia de Dios, y se hace santificante: nos evangeliza.

Los pobres nos evangelizan porque el servicio de ellos amplía nuestra experiencia de Dios, nos hace por ello más contemplativos, y hace igualmente nuestra contemplación y oración más histórica, más encarnada al unir la experiencia de Jesús a la experiencia del pobre.

e) La inserción entre los pobres, aun con sus límites e insuficiencias (nunca se llega a vivir como ellos, ni se llega a ser uno de ellos), abre un camino concreto para practicar el desprendimiento y la pobreza voluntaria. La opción por el pobre obliga a compartir de alguna manera su "lugar", sus vicisitudes, su escasez y su simplicidad de vida. La virtud de la pobreza ha de tener siempre un rostro histórico, es decir, ha de ser reconocida como tal por la gente común de una época y de un lugar. La condición de los pobres y sufrientes de nuestra sociedad nos inspira y señala las opciones concretas que debemos hacer en nuestro estilo de vida para que la vocación a la pobreza evangélica, y el testimonio de esperanza que ésta debe ofrecer, sean reconocidos como tales.

Pero esto ya nos introduce en el tema de la pobreza evangélica, que la tradición espiritual cristiana siempre unió al amor eficaz a los pobres.

3. LA POBREZA EVANGELICA (4)

La pobreza evangélica como libertad y renuncia de los bienes del mundo ha tenido siempre dos justificaciones fundamentales en la espiritualidad cristiana: el amor de identificación con Jesús, "que siendo rico se hizo pobre por nuestro bien", y el amor de solidaridad con los pobres. Igualmente tiene su raíz evangélica en la bienaventuranza de los pobres de espíritu proclamada por Mateo (Mt. 5, 3) (ver cap. III, 1).

Los pobres de espíritu son los que humildemente ponen toda su confianza en Dios; los que ponen su vida en sus manos; los que no se rebelan contra su voluntad ante las vicisitudes y contradicciones de la vida. Están confiadamente abiertos a Dios, a su voluntad, a su palabra, a su Reino. Su riqueza primordial es Jesús y los valores de su evangelio.

La bienaventuranza no se refiere específicamente a la pobreza evangélica como estilo ni como práctica exterior. Apunta más bien a la actitud básica, a la raíz de la virtud de la pobreza. Nos enseña que cualquier pobreza exterior que no nace de esta radical confianza en Dios y entrega en sus manos, es farisaica. No es liberadora, no es la pobreza cristiana. Queda superficial, precaria y siempre ambigua. Pues hay estilos de vida pobre, motivados por estrategias políticas o pastorales, por temperamento o cultura, aun por orgullo e hipocresía. Estas pobrezas no son necesariamente humanizantes. La actitud radical a la que nos invita esta bienaventuranza es el criterio decisivo para evaluar la pobreza.

Pero igualmente Jesús nos enseña que la pobreza también es farisaica e inauténtica cuando se reduce a una actitud interior, a una "confianza en Dios" que no se expresa en un estilo de vida, en formas de pobreza exterior y material. En toda virtud y valor cristiano: es necesario unir la actitud interior a la práctica exterior, y la práctica exterior a la actitud interior. Ambas dimensiones se verifican mutuamente, y se complementan en la espiritualidad cristiana.

De esta manera la bienaventuranza de los pobres de espíritu prepara las exigencias de Jesús sobre la pobreza evangélica como condición para seguirlo: "El que no renuncia a todo lo que posee no puede ser mi discípulo" (Lc. 14, 33). Este mandato de Cristo a todos los cristianos (mandato no consejo; a todos, no a algunos "especialistas de la pobreza") es una consecuencia de la pobreza de espíritu como absoluta confianza en Dios. La bienaventuranza promete una riqueza: Dios y los valores del Reino; el mandato de Jesús llama a una renuncia: estar dispuesto a dejar todo lo que posee —cosas, personas, situaciones, planes, trabajos, etc.—, si ello se antepone entre nosotros y Cristo, y nos impide seguirlo.

La pobreza cristiana consiste entonces en una libertad de corazón, en un desprendimiento de personas y cosas para crecer en el amor. La pobreza libera en el amor. Como toda actitud cristiana, está inspirada en un amor confiado, y es la condición de ese amor. La libertad que produce está al servicio del dinamismo de una caridad sin fronteras, que dispone para una mística y una entrega a la misión. Las renuncias de la pobreza son posibles porque el pobre está lleno de los valores del Reino y ha puesto su confianza en Dios y sus promesas: la renuncia sólo tiene sentido como consecuencia de la esperanza en valores mayores, y es liberadora y humanizante porque profundiza la libertad y el amor. Lo que cualifica la pobreza cristiana no es la renuncia, sino los motivos de ella: la confianza en el Dios de Jesús, y en la realidad de su Reino, cuyas riquezas ya se participan. El testimonio de la pobreza es revelar, por la renuncia, que Jesús y su evangelio son una realidad absolutamente confiable, y que nos entregamos a ella en el amor a nuestros hermanos los pobres.

Esta pobreza de espíritu lleva necesariamente a expresarse en forma de pobreza material, en desprendimientos concretos, en un estilo de vida pobre y austero. Ya hemos dicho que sin ello la bienaventuranza sería una ilusión. Además, una vida exteriormente pobre, dada la unidad que hay en el hombre entre práctica y actitud, ayuda a crear la actitud interior de la pobreza, y la humilde confianza en Dios que nos exige y ofrece como don esta bienaventuranza.

Si la pobreza de espíritu, y la renuncia interior a que lleva es una exigencia radical y absoluta para entrar al Reino y hacerse discípulo, la pobreza material a que conduce es siempre relativa. Jesús no nos ha dicho "cómo" ser pobre en nuestra vida concreta, ni en la vida de la Iglesia a través de la historia. Esa es una búsqueda permanente. Al respecto podemos establecer algunos criterios.

a) La pobreza es una llamada y una gracia personal. Es decir, cada comunidad de Iglesia, cada cristiano, debe ir descubriendo la forma de pobreza que Dios le pide. No hay recetas. Esto está ligado a muchas circunstancias: la educación recibida, la cultura y forma de sociedad en que se vive, la función y trabajo que se tiene, la salud y equilibrio psicológico, etc. Pues la pobreza ha de humanizar y liberar, interiormente, y eso es relativo para cada grupo y persona. Lo que para alguno es desprendimiento liberador, para otros puede ser fuente de tensión y opresión interior. A veces se requiere mucho tiempo en percibir el estilo de pobreza que Dios pide a los cristianos o a una comunidad. Es en la oración donde Dios revela, arduamente, el camino de la pobreza. En definitiva la pobreza es una gracia y un don de Dios.

b) La pobreza es dinámica. Va tomando siempre nuevas expresiones, nuevas exigencias, según nuevas circunstancias y desafíos. No es posible instalarse en un marco de "pobreza adquirida", estática y casuística. La pobreza nunca está realizada, ni se encuentra como fórmula. En cada nueva situación, más aún, cada día, es necesario responder de una manera siempre nueva a la llamada de Jesús a "dejarlo todo para seguirlo".

c) La pobreza es histórica, es decir ha de ser coherente con los pobres sociológicos y con las exigencias de su liberación. No sólo las expresiones externas, sino que también las motivaciones cristianas y la significación histórica de la pobreza evolucionan a través del tiempo. Los motivos y estilo de pobreza de los santos medievales no son hoy suficientes. Lo que hace años en las comunidades de Iglesia podía ser testimonio de pobreza, hoy ya no lo es.

En concreto, la forma histórica de la pobreza actual debe ser coherente con la solidaridad y predilección cristiana con los pobres y oprimidos. No es posible concretar la opción de la pobreza evangélica sin referirse e inspirarse en los indigentes y en los pobres de nuestra sociedad. La única pobreza real y sociológica que existe es la de ellos, y la pobreza voluntaria y evangélica se hace significativa si comparte y se parece a la de estos pobres, de alguna manera.

Según la llamada de cada uno, la pobreza evangélica ha de llevar a la opción por el pobre, a compartir su perspectiva y su liberación, a comprometerse con la justicia, con los riesgos y consecuencias que ello implica. Ser pobre evangélicamente, en nuestro contexto social, es identificarse con los pobres y con su causa.

Así, hay convergencia entre la primera bienaventuranza de Lucas y la primera de Mateo. Sus exigencias son complementarias. Mateo nos da la mística, la espiritualidad y la libertad necesaria para ser fieles —cada uno y como Iglesia— a un Reino que privilegia y opta por los pobres (Lucas). La pobreza de espíritu es la actitud cristiana que inspira la pobreza como compromiso con los pobres.

d) La pobreza, en consecuencia, no se expresa sólo con la carencia y desprendimiento de dinero o bienes materiales. Hay otros elementos de la pobreza y libertad interior. El desprendimiento ante el prestigio, ante la crítica, ante las diversas formas de "poder" y de "hacer carrera", ante los riesgos, inseguridades y persecuciones, son algunas de tantas formas de pobreza a la que Dios llama al cristiano, y muy especialmente al apóstol, en las diversas etapas del itinerario de su misión. El pobre es aquel que tiene su centro de interés en los valores del Reino, al que se ha entregado con humilde confianza en Dios.

NOTAS AL CAPITULO VII

1. CONGAR Y., *El servicio y la pobreza en la Iglesia*, Ed. Stella, Barcelona 1964; *Documento de Puebla: Opción preferencial por los pobres* (nn. 1134-1165); GALILEA S., *El sentido del pobre*, Indoamerican Press, Bogotá 1978; PAOLI A., *Diálogo de la liberación*, Ed. Lohlé, Buenos Aires 1970; PAOLI A., *La perspectiva política de San Lucas*, Ed. Siglo XXI.
2. GALILEA S., *El sentido del pobre...*
3. GUTIERREZ G., *Revelación y anuncio de Dios en la historia*, Ed. CEP, Lima 1976; GUTIERREZ G., *Teología desde el reverso de la historia*, Ed. CEP, Lima 1977.
4. VOILLAUME R., *En el corazón de las masas*, Ed. Studium, Madrid 1962; GALILEA S., *Espiritualidad de la evangelización*, Ed. CLAR, Bogotá 1980; GUTIERREZ G., *Teología de la liberación*, Ed. CEP, Lima 1972 (c. 13).

VIII
El camino de la cruz

1. LA EXPERIENCIA DE LA CRUZ COMO ESPIRITUALIDAD

Lo que solemos denominar como "la cruz", "las cruces", en el lenguaje de la espiritualidad (pues el término es propio de la cultura cristiana), no es otra cosa que los sufrimientos y contradicciones de la vida. La cruz es un hecho de la condición humana; no la inventó Jesucristo ni la mística medieval.

De suyo, las cruces no tienen ningún valor en sí; son una experiencia humana negativa que nadie está llamado a procurarse. Pero de otro lado son un hecho inescapable, ante el cual como seres humanos debemos tomar una actitud y darle un sentido.

Es en el cristianismo donde las cruces encuentran toda su significación. No porque el cristianismo nos enseñe a eliminar la cruz, o haga de la cruz un valor en sí, sino porque a causa de Cristo, que asumió toda la condición humana, incluso el hecho del sufrimiento y la cruz, la experiencia de la cruz puede ser santificante y aun liberadora para el hombre, y puede encontrar un lugar en la venida del reino.

A causa de Cristo, el hecho de la cruz puede ser asumido como una dimensión de la espiritualidad. Así comprendemos la llamada de Jesús a "tomar la cruz", "cargar cada día con la cruz", "perder la vida" o "morir como el grano de trigo" (Mt. 11, 12; 16, 21-24; 17, 15; Jn. 12, 24-26; etc....).

Sólo siguiendo a Cristo, la cruz nos hace crecer en la vida según el Espíritu. Las reflexiones anteriores nos hacen ver que no existe propiamente una "espiritualidad de la cruz" como tampoco existe una espiritualidad de la pobreza, o de la obediencia, o de la abnegación sino básicamente una espiritualidad del seguimiento. Ese es el valor fundamental de la espiritualidad cristiana. Es el seguimiento de Jesús, por el Espíritu el que nos lleva a la pobreza, la abnegación o la cruz. La cruz no se la busca en sí; se la encuentra ciertamente, como valor espiritual, en la medida que seguimos a Jesús.

La cruz como dimensión de la espiritualidad es de tres categorías. Primeramente, la cruz forma parte de la condición humana. Somos limitados y vulnerables, y la enfermedad, la frustración, el sufrimiento y la muerte son parte integrante de nuestra vida. Vivir esta experiencia de la vida al modo de Cristo —quien nos enseñó a vivir la imitación humana como hijos de Dios— ya es espiritualidad. Por la fe, sabemos que el dinamismo de cruz y de muerte que hay en nosotros forma parte del dinamismo pascual de la vida cristiana, que al revestirnos de Jesús al mismo tiempo sufriente y resucitado, nos comunica la vida según el Espíritu. La experiencia cristiana de la cruz es una experiencia pascual (ver cap. I, 3).

En segundo lugar, la cruz cristiana es el precio, el camino de la conversión (ver cap. IV, 1). Porque estamos arraigados en el egoísmo y la tendencia al pecado, el camino de la conversión a seguir a Jesús por el Espíritu es un camino de superación; de "muerte al hombre viejo", (Rm 6); de renuncia a vivir "según la carne" (Mt. 18, 8; Lc. 14, 33, etc....). No hay conversión cristiana, ni siquiera hay superación y renovación "humana", sin esa forma de cruz que es la renuncia de nosotros mismos. Es lo que quiere decir Cristo con su llamada a seguirlo "cargando cada día con la cruz".

En tercer lugar, la cruz como sufrimiento y contradicción, como persecución y aun como muerte, es un resultado del compromiso fiel con Jesús y su evangelio del reino. Esta es la dimensión más rica y eminente de la cruz en la espiritualidad cristiana, porque fue la manera eminente como Cristo experimentó la cruz. La mayor prueba de amor y de seguimiento es identificarse con Jesús perseguido y martirizado a causa del reino.

Por eso la persecución y el martirio es una bienaventuranza (Mt. 5, 10-12; Lc. 6, 22-23) (ver cap. III, 1): de manera privilegiada, la cruz del testigo fiel de la fe y la justicia del reino, reviste de Cristo y nos hace "nacer de nuevo". De alguna manera, esta bienaventuranza resume la experiencia de la cruz como valor cristiano.

La persecución de que nos habla la bienaventuranza incluye todas las formas de contradicción a causa del reino "rechazados, calumniados, hablen toda suerte de mal contra vosotros"... de las que el martirio es la forma suprema. La experiencia espiritual de la cruz ha sido así una constante en la vida de la Iglesia, hasta llegar a los actuales perseguidos y mártires a causa de la justicia del reino, en América Latina.

La cruz de Cristo y nuestra cruz (1)

Hemos dicho que nuestra cruz no tiene sentido si no nos incorporamos por ella a la cruz de Cristo. Con ello realizamos una experiencia espiritual, una experiencia de Dios. Al entender, con los ojos de la fe, la cruz de Jesús, entendemos nuestra propia cruz y la cruz del mundo:

a) La cruz de Jesús es el signo de su amor fiel a la causa del reino de Dios. No debemos separar la muerte de Jesús del resto de su vida. El martirio de Jesús toma su sentido

15. El camino de la espiritualidad

pleno como la consecuencia dramática y coherente de su mensaje y de su obra; la cruz es el símbolo de su absoluta fidelidad al Padre. Es inseparable de las persecuciones y conflictos que la precedieron; de los criterios, opciones y actitudes de Jesús; del contenido de su predicación. Porque Jesús reveló al Dios verdadero, porque Jesús cuestionó la decadencia religiosa y las deformaciones de Dios, porque hizo objeto a los pobres y a los pecadores públicos de su solicitud y predilección, porque combatió los ídolos de su sociedad, porque cuestionó sus falsos valores, Jesús desató —bien a su pesar— el conflicto que lo llevó a la cruz.

El sufrimiento es la secuela coherente del seguimiento fiel de Jesucristo. A menudo cierta devoción cristiana separó la cruz del resto de la vida de Jesús. La devoción a la cruz, tan característica del pueblo latinoamericano, y que de suyo es una riqueza, a menudo venera una cruz aislada. Venera la pasión y muerte del Señor no sólo sin "después" (la resurrección), sino igualmente sin "antes": el estilo y contenido del mensaje evangélico que llevó a Jesús a la cruz. La cruz no es un hecho aislado y arbitrario en el designio del Padre. Es el punto final, aceptado por Jesús por amor, de su entrega absoluta a la causa del reino. La pasión de Cristo no sólo expresa el amor fiel de Jesús en ese momento, sino que incluye la fidelidad de Jesús al reino en todas las persecuciones que precedieron y prepararon el desenlace de la cruz.

En la espiritualidad cristiana, las formas de cruz y persecución que aparecen en el camino de su fidelidad a la justicia del reino —y eventualmente también el martirio— forman un todo con su misión. Son la prueba de que su compromiso es cristiano. Siempre desconcertantes y envueltas en la oscuridad de la fe, las persecuciones son uno de los signos privilegiados para verificar la autenticidad cristiana.

b) Las persecuciones que sufrió Jesús, hasta la muerte, revelan la fuerza del mal, del pecado, del egoísmo con todas sus secuelas, y su oposición al reino de Dios.

Durante toda su misión, desde el inicio, Jesús experimentó la reacción y oposición de los pecados y egoísmos concretos de su tiempo. Jesús experimentó el mal como una realidad (lo que él llama "la hora de las tinieblas"), y como una realidad poderosa. No hay que subestimar la fuerza del mal en la vida de Jesús, mal expresado en pecados e injusticias propios de esos hombres y de esa sociedad, igual como ahora se sigue concretando en nuestro tiempo. El mal llevó a Jesús no sólo a la muerte (fracaso aparente de su vida), sino que frustró sus objetivos inmediatos con respecto a la propagación del Reino, la conversión de Israel y la aceptación de su obra (fracaso aparente de su misión). Jesús crucificado es la prueba de la fuerza y persistencia del mal en el mundo y en cada uno de nosotros.

En lo negativo, la cruz nos enseña que el mal es invencible mientras dure la historia. Que siempre reaparece de nuevas maneras. Que su persistencia es una trágica realidad. Que su oposición a los valores del reino de Dios es constante. Que es capaz, hoy como siempre, de llevar al fracaso la obra de la Iglesia aquí o allá, y el esfuerzo de cada uno de nosotros por seguir a Jesús y por convertirnos.

La cruz nos enseña que la conversión del mundo contiene la dimensión profunda de una lucha contra el mal (el pecado), expresado hoy en formas concretas: la carrera de armamentos, las amenazas contra la vida, la corrupción del amor, la explotación del hombre por el hombre, el hambre, la miseria, el materialismo y todas las formas de injusticia. El mal es fuerte, persistente, colectivo y reaparece continuamente. Este mal puede ahogar y llevar al fracaso aparente la causa del reino.

Dicho de otra manera, la crucifixión de Jesús, encarnación de la inocencia y del bien, nos recuerda hoy día, en el símbolo del crucifijo, que los inocentes y buenos de la tierra, los débiles, los pobres y los desamparados continúan siendo crucificados. Por la cruz, la pasión de Cristo es la pasión del mundo, y la pasión del mundo es la pasión de Cristo.

c) Pero la paradoja es que la cruz es decisivamente signo de esperanza. A pesar de la presencia del mal, sobreponiéndose a él, la cruz es signo de esperanza cierta en el reino, de su eficacia y de su victoria definitiva sobre todas las formas de pecado.

La paradoja de la cruz consiste en que lo que en primera instancia parece un fracaso —la muerte de Jesús y el fracaso de la causa del reino; la persecución y el fracaso de los buenos— a causa del mismo Cristo, que pasó de la muerte a la vida, transformando la cruz en fuente de nueva vida y de liberación total, constituye el comienzo irreversible de la destrucción del mal en su raíz. Como ya lo señalamos al hablar de la oración, el mal, para ser superado, requiere redención. La persecución y la cruz son la dimensión redentora de la fidelidad. Ahí donde los medios humanos son impotentes para atacar las raíces de todos los males y de todas las injusticias, el sufrimiento y las cruces que acompañan a la vida cristiana nos incorporan a la persecución y el martirio de Cristo. Injertados con él en la raíz del mal colaboramos con él en la liberación definitiva y nos hacen redentores. Así "completamos lo que falta a la pasión de Cristo en beneficio de su Cuerpo, la Iglesia" (Col. 1, 24).

La cruz es el signo de la esperanza cristiana porque nos enseña que en la historia, el mal, el egoísmo, la injusticia, no tienen la última palabra. La última palabra en la historia es del bien, de la fraternidad, de la justicia y de la paz.

d) Por eso la cruz tiene una significación particular para los sufrientes, los oprimidos y perseguidos. Para ellos, el mensaje de la crucifixión consiste en que Jesús nos enseña a sufrir y a morir de una manera diferente, no a la manera del abatimiento, sino en la fidelidad a una causa llena de esperanza. "El que no carga con su cruz y me sigue, no puede ser mi discípulo" (Lc. 14, 27), ha dicho Jesús. No basta cargar la cruz; la novedad cristiana es cargarla como Cristo (seguir-lo). "Cargar la cruz" no es entonces una aceptación estoica, sino la actitud del que lleva hasta el extremo el compromiso. "Nadie tiene mayor amor que el que da la vida por los amigos"... "Jesús, habiendo amado a los suyos, los amó hasta el extremo" (Jn. 13, 1).

Esa es la nueva manera de cargar la cruz que Cristo nos enseña con su muerte: transformarla en un signo y fuente de amor y entrega, en vista de una liberación siempre incompleta, pero asegurada por la promesa.

La absoluta novedad del trágico destino histórico de Jesús es la promesa que encierra, promesa que encontrará toda su densidad en su resurrección y exaltación junto al Padre. Porque si la Cruz es la frustración aparente de una promesa, la suprema abyección de Jesús paradójicamente es al mismo tiempo, el momento de su triunfo.

Los oprimidos y los sufrientes, de todas las categorías humanas y sociales, tenderán a proyectar en el crucificado su propia frustración. La cruz sería el fracaso de la causa de los justos, de los oprimidos y de los que luchan por la justicia; el fracaso de las bienaventuranzas; la cruz de Jesús es la de los abandonados; parece que los "pequeños" y débiles no pueden triunfar.

Pero si el martirio de Cristo es precisamente el momento en que el Padre asume su causa, dándole para siempre la plena libertad de su exaltación, y poniendo entre sus manos la libertad de todos los hombres, entonces el fracaso de los abandonados de este mundo es sólo aparente.

En la cruz de Cristo, el Padre asume y reconcilia a los que sufren el abandono y la desesperación como forma suprema de la impotencia y de la opresión. Les concede el don de sufrir no como vencidos, sino como actores comprometidos con una causa, que es la misma causa de Cristo. La identificación de los oprimidos con la cruz no es su identificación con el abatimiento de Cristo, sino con su energía resucitante, que les llama a una tarea. No se trata de "superar la cruz", sino de hacer de la misma cruz energía para llevar a cabo las tareas que imponen la propia liberación y la de los demás.

Si el mensaje de la cruz es que podemos sufrir y aun morir de una manera nueva, es a causa de esta esperanza que nos comunica, pues si hemos sido llevados a la crucifixión, tenemos, en el Dios crucificado, la promesa cierta que la energía de la resurrección no dejará definitivamente frustrada la tarea de los que sufren y mueren a causa de la justicia.

La cruz es el signo de que la causa de los justos y oprimidos, aparentemente fracasada, es ya aceptada por el Padre, y que por lo tanto ellos ya no están abandonados, sino que deben entregarse con más fuerza a hacer reinar la justicia, tras las huellas de un Cristo crucificado pero nunca decisivamente abatido.

En Jesús la cruz es su misma misión de liberación de los hombres hecha tragedia a causa del pecado de estos mismos hombres, pero habitada con la energía de recrear una vez más esta misión de una manera transfigurada. La cruz de los oprimidos, de los sufrientes y abandonados, se da al interior mismo de su propia situación injusta, y en el proceso consiguiente de su liberación, hecho fracaso aparente por el egoísmo y el pecado, pero con la fuerza de prolongarse hacia adelante de una manera siempre nueva.

2. La fidelidad al Espíritu en los conflictos (2)

El conflicto es uno de los modos más habituales como se presenta la cruz en la condición humana. La vida personal, la familia, las comunidades humanas, la sociedad, y por lo tanto la Iglesia, han experimentado, y experimentan continuamente, situaciones de conflicto.

El conflicto en sí es un hecho, muchas veces inevitable, a menudo ligado y reforzado por el egoísmo y el pecado, pero a menudo también consecuencia simplemente del hecho que somos distintos, limitados y a veces incompatibles.

En todo caso, el conflicto, en diverso grado, es una forma de cruz y de sufrimiento, y como tal ha de ser integrado en la espiritualidad. Jesús también experimentó el conflicto —inútil recordarlo— y en su actividad misionera de forma muy aguda. Conflictos con los dirigentes religiosos, con los poderes públicos, incomprensión de parte del pueblo y los discípulos. La pasión y la cruz es el desenlace trágico e inevitable de la dimensión conflictiva de la vida de Jesús. El, que no buscó el conflicto, que traía un mensaje de misericordia y fraternidad, a causa del rechazo y de la reacción de los pecadores, conoció una de las experiencias conflictivas más dramáticas de la historia humana.

Decíamos que el conflicto no siempre es atribuible a un mal moral. Es también un hecho normal de la vida, que hay que saber asumir en una espiritualidad. Paradójicamente, el primer conflicto que aparece en la vida de Jesús, es de ese tipo. Es un conflicto entre Jesús y su madre (Lc. 2, 41-51). El episodio de Jesús perdido en el templo, es conflictivo. Jesús desaparece, sus padres lo buscan preocupados, y una vez hallado no acaban de entender el porqué de la actitud de Jesus (id. vs. 50 y 51). Lo interesante de este conflicto es que las dos partes tenían razón, no hay "buenos y malos"; se trata de una incomprensión llevada a cabo en el amor y sin mayores consecuencias. (No hay ninguna ruptura).

El conflicto de Jesús perdido y hallado en el templo es el paradigma de los conflictos sanos, familiares, inevitables porque se da en el encuentro de dos fidelidades. Es el paradigma de los conflictos en la Iglesia. No todos, ni mucho menos, de los conflictos internos que conoció y conoce la Iglesia son producto de orgullos, infidelidades, estupidez o ceguera. Muchas veces las partes en conflicto todas tienen su razón, son fieles al Espíritu. No hay "buenos y malos". Pero el conflicto se produce de todas formas por incompatibilidad de fidelidades, por incomprensión o por la simple limitación, no culpable, de los hombres.

América Latina está pasando por una etapa de su historia particularmente conflictiva. Es un tópico referirse a la conflictividad social, política y económica. Esta conflictividad repercute agudamente en la Iglesia. Un componente significativo de la experiencia cristiana latinoamericana es su conflictividad. Conflictos muy habitualmente generados por la misión entre los pobres y por la defensa de sus derechos; conflictos generados por las exigencias del profetismo cristiano, que han conducido a muchos a la persecución y aun al martirio. Todas estas experiencias no tienen nada de extraordinario o "heroico"; fueron prevenidas y anunciadas ampliamente por el mismo Jesús (Mt. 24, 1 ss.; Mc. 13, 1 ss.; Lc. 19, 41 ss.; Lc. 17, 23 ss.; etc.).

Nuestro desafío es el de integrar, a la luz del evangelio y de la tradición espiritual de la Iglesia, fidelidad y conflicto en una misma experiencia de identificación con Jesús por el Espíritu.

No se trata de crear una espiritualidad conflictiva ni de sobrevalorar en manera alguna el conflicto. En verdad, el conflicto y la cruz no son nunca un valor en sí, y sería muy impropio hablar de una "espiritualidad del conflicto". Sí en cambio podemos hablar de una espiritualidad católica "en el conflicto". Siempre permanece cierto que la única espiritualidad auténtica en el catolicismo es la que brota del seguimiento de Jesús bajo la guía de la Iglesia, y que por lo tanto no es el conflicto lo que santifica, sino la identificación con Jesús sujeto de conflicto y persecución. Este seguimiento de Cristo no sólo viene a ser la causa de los conflictos de sus discípulos, sino que es también el modelo de cómo vivir los conflictos humanos y evangélicamente. En una palabra, cómo vivir la experiencia del conflicto como espiritualidad.

Las reflexiones siguientes nos pueden ayudar en este sentido.

Cómo vivir los conflictos

a) El único valor fundamental de la espiritualidad cristiana es el amor según la ley de Cristo. Amor a Dios y amor a los hermanos y hermanas, sin discriminación y a causa de que todo ser humano es un sacramento del absoluto de Dios. Todos los demás valores, o virtudes u opciones de la espiritualidad, tienen consistencia a causa del amor que expresan o que son capaces de generar. Por eso San Pablo ha podido escribir que sin caridad los actos exteriores aparentemente generosos no valen nada de cara a la imitación de Jesús: ni la fe, ni el profetismo, ni la entrega a la causa de los pobres (I Cor. 13, 1 ss.).

Hay que afirmar, por lo tanto, que los conflictos de la vida cristiana y de la misión, aun por causas justas, pierden valor evangélico si les falta amor. De otra parte, la experiencia nos enseña que los conflictos propios de la vida cristiana se justifican por el doble amor. O es la causa de Dios y su reino la que está en juego, o es la causa del hombre, causas que en definitiva son convergentes e inseparables. Los conflictos que hoy viven la Iglesia y los cristianos en América Latina son el resultado de vivir el amor cristiano en una historia, tal como la conflictividad en la vida de Jesús provino del choque entre las exigencias de su amor y la realidad injusta y pecadora. Como su maestro, el discípulo de Jesús no introduce conflictos porque sí; más bien los revela, los constata al dar testimonio de las exigencias del amor. Más aún, en la manera de abordarlos y asumirlos, aporta las condiciones humanas y evangélicas para su superación y solución.

Pues la solución radical de los conflictos humanos está en germen contenida en el dinamismo del amor cristiano:

amor universal, y amor que al mismo tiempo se compromete con opciones. Sorprendentemente, la universalidad del amor y el realismo de sus opciones vienen a ser de una parte las condiciones de superación evangélica de los conflictos, y de otra a menudo las causas históricas de los conflictos en la vida cristiana.

Tanto el amor indiscriminado y universal como las opciones propias de la encarnación del amor en la sociedad son fuentes de conflicto. La misma práctica de Jesús también lo demuestra. 1) El amor universal. La universalidad del amor en una sociedad dividida —y en una Iglesia también sacudida aunque en otros términos— es a la larga conflictiva. Coloca injustamente entre dos fuegos, es fuente de incomprensiones o de malas interpretaciones de todos los lados. Cuando el sectarismo se ha hecho forma de vida socio-cultural (aun a veces en las comunidades cristianas), el mantenerse universal se hace sumamente doloroso y conflictivo. 2) Pero lo mismo habría que decir de lo que tiene el amor cristiano de opción, y por lo tanto de compromiso. La cuestión es de sobra conocida, y los conflictos que crean las opciones de la caridad cristiana en la realidad latinoamericana no requieren mayor elaboración; la opción preferencial por los pobres y oprimidos, la lucha por la justicia y por los derechos de la dignidad de cada ser humano, etc.... Habría tan sólo que volver a recordar que estas son prácticas del amor cristiano, de la mística cristiana, y no sólo militancia social o pastoral. Las opciones son esenciales a la espiritualidad. Es seguir a Jesús en la historia de hoy, con todos los conflictos eventuales para la vida de sus discípulos.

Pero decíamos también que, paradójicamente, el amor cristiano como universalidad y como opciones, es también la única clave confiable para resolver evangélicamente los conflictos. Se ha dicho que la superación de los conflictos se da cuando hay mucho amor. La afirmación es exacta, pero insuficiente. Es necesario también explicitar qué expresiones del amor son necesarias para superar la conflictividad, y estas expresiones son precisamente: la universalidad, y la opción por el pobre y la justicia. Por la universalidad de la caridad sabemos que el punto final del conflicto se da en la reconciliación, y que esta actitud del amor, aunque no sea posible realizarla como un hecho, debe estar presente en las opciones y luchas. Igualmente, sin justicia para los pobres y oprimidos no hay solución real de conflictos aun dentro de la Iglesia. El dinamismo del amor cristiano como "sanación" de los conflictos supone hacer la síntesis entre la universalidad y las opciones; entre la justicia y la reconciliación. Supone luchar por los pobres con un corazón reconciliado. Sabemos de sobra que esta síntesis no es fácil: es a su vez una expresión de espiritualidad evangélica en medio del conflicto (ver cap. VI, 1, *La exigencia del amor fraterno*).

b) No hay conflictos humanos puramente "exteriores" (persecuciones, acusaciones o contradicciones que vienen del exterior). Todo conflicto humano es tal porque tiene siempre una dimensión interior, se presenta como una crisis del espíritu. Conflicto y crisis son correlativos. Por eso el conflicto tiene que ver con la espiritualidad y es posible integrarlo en una espiritualidad.

La crisis es el resultado de un autocuestionamiento, más o menos consciente. Se cuestionan la manera de vivir ciertos valores, y la misma síntesis que se ha ido haciendo de la vida cristiana y misionera. La crisis es un período de inseguridad, que llama a una nueva síntesis de valores, y a una vivencia evangélica de los mismos. El conflicto crea crisis porque obliga a repensar, a profundizar y nos arranca de la estabilidad aparente y del conformismo (ver cap. IV, 2, *La conversión como madurez*).

En este sentido el conflicto y la crisis son una llamada a una progresiva conversión. Son una llamada a profundizar la globalidad del compromiso cristiano, y a crecer en todos los valores que el conflicto ha puesto en crisis. Se puede afirmar que no hay madurez cristiana —ni humana— y no hay desarrollo de una espiritualidad adulta sin pasar por las crisis del conflicto. El conflicto lleva a la madurez, y supone una madurez para ser asumido y superado. El hecho de que a veces los conflictos destruyan las personas, o debiliten la fe y la espiritualidad, o lleven a dimitir de las grandes opciones cristianas, traiciona la idea cristiana del conflicto y su crisis. Revela inmadurez o falta de una verdadera espiritualidad en el conflicto. En el evangelio, conflicto y crisis son el itinerario de la madurez del espíritu.

Podríamos entonces decir que Dios se revela también en el conflicto. De una manera de suyo desconcertante, misteriosa, el conflicto es una llamada del Señor, una gracia —personal o colectiva— para seguir a Jesús "perseguido y contradecido" con una opción más dura y por motivos más purificados según el evangelio. Como llamada de Dios el conflicto es desconcertante y requiere ser permanentemente discernido. Dada la condición humana, y dada la realidad histórica —donde el egoísmo, la mentira y la injusticia están siempre latentes— la crisis y el conflicto son a menudo la gracia histórica que Dios ofrece para madurar en la libertad, la verdad y la justicia.

Pero hay crisis y conflictos que son muy prolongados, cualquiera que sea su causa externa. Hay tensiones muy duraderas. Tensiones en la Iglesia, producto no sólo de divisiones, sino también del legítimo pluralismo. Hay tensiones sociales, a causa de la lucha por la justicia, o de las opciones diversas que ésta acarrea. Hay tensiones y desgarramientos en la conciencia cristiana, generalmente como efecto de lo anterior: opciones difíciles de hacer ante alternativas siempre ambiguas, perplejidades, conflictos de valores cuando se trata de ser fiel en situaciones muy complejas... En estos casos y otros similares, se requiere madurez suficiente para vivir en estas situaciones de tensiones y conflictos, prolongados y estructurados, sin "quebrarse", sin "radicalizarse" indebidamente, sin claudicar, sin romper con valores fundamentales. Mantener esta madurez y crecer en ella, forma también parte de una espiritualidad en situaciones de conflicto, de crisis y de tensiones (idem).

Esta madurez —a la vez humana y evangélica— nos debe hacer comprender que el conflicto no es un valor en sí, y que no se trata de fomentarlo en cuanto tal. El conflicto adviene. La espiritualidad cristiana no consiste en no tener conflictos, o en escamotearlos como tampoco consiste en tenerlos. Es espiritualidad la respuesta que damos a las crisis y conflictos; cómo y en qué espíritu se asumen; qué sentido le demos; qué hacemos con ellos. Y como ya se ha recordado reiteradamente, la referencia a la práctica de Jesús es aquí indispensable. Su actitud en la crisis, tensiones y conflictos que de hecho estructuraron su vida, es la que funda cualquier espiritualidad y actitud válida en esta línea.

La espiritualidad cristiana es una espiritualidad de síntesis. Síntesis de opciones, actitudes y valores aparentemente difíciles de integrar. Oración-acción; amor-luchas; exigencias-comprensión; misericordia-justicia; prudencia-riesgo, etc.... Asumir el conflicto con espíritu de madurez y como llamada de crecimiento requiere igualmente una síntesis de valores y actitudes, según lo hemos señalado más arriba; ni ruptura ni claudicación, ni lucha sin amor y reconciliación; ni amor pacificador sin los derechos de los pobres y de la dignidad humana...

Actitudes evangélicas ante los conflictos

Digamos algo ahora sobre las actitudes evangélicas (espiritualidad) que debe acompañar la experiencia del conflicto.

a) El conflicto se acepta, pero no se "frabrica". Se asume evangélicamente, pero no se busca como un valor en sí, o que dé prestigio o que está de moda. Hay un orgullo sutil en ser perseguido por los poderes de este mundo o a causa de los pobres. Existe la vanidad del "profeta". La verdad es que es Dios quien hace los profetas, siempre a pesar de ellos mismos. El tener "complejo" de profeta o de perseguido, el buscar serlo, hace sospechosa la autenticidad cristiana en los conflictos. El conflicto se vive cristianamente en el olvido de sí, "sin mirarse". Existe la tentación de que la crisis y el conflicto generen una forma de narcisismo, u otra forma de fariseísmo.

b) En esta misma línea, hay que saber que el conflicto en nuestra vida no es sólo consecuencia de nuestro testimonio cristiano, sino también de nuestros errores o aun pecados. En la vida de Jesús, la persecución y el conflicto fueron absolutamente injustos, porque Cristo era absolutamente justo. En nuestro caso, lo que hay de conflictivo en nuestra vida y misión no es siempre totalmente injusto, pues nosotros no somos tan justos. Cometemos errores, imprudencias, faltas de pedagogía; a menudo nos falta amor al defender la causa del reino. Por eso, los conflictos en la vida cristiana son también un camino de purificación, de aprendizaje. Eso nos debe mantener humildes en los momentos de experimentar la bienaventuranza de la persecución.

c) Aunque siempre estaremos en búsqueda de una actitud más evangélica en el itinerario de nuestras crisis y conflictos, la espiritualidad que los acompaña ha de estar siempre alimentada por la esperanza. Mantenerse fiel y entero en los conflictos y persecuciones es una prueba de esperanza. Esperanza en el sentido en que confiamos en que el mal y la injusticia no tienen la última palabra en la historia. Esperanza en el sentido que para el creyente la realidad no es sólo lo que se ve y experimenta (la lucha, la opresión, la resistencia al reino, el aparente fracaso de los buenos) sino que es también lo que Cristo ha revelado, sus promesas del reino, que no experimentamos inmediatamente (Cfr. Heb. 11, 1 ss., sobre la fe y la esperanza que se prueba y nutre en el conflicto y la contradicción. "Moisés permaneció (a pesar de todo) firme en su propósito porque vivía como quien ve al invisible..."). Esperanza también en el sentido de que al entender nuestra contradicción a partir de la experiencia de Jesús, sabemos que en definitiva no hay nada irremediable, no hay nada fatal, y tampoco nada irreversible. El papel de la espiritualidad en la tribulación y el fracaso es generar la capacidad de volver a comenzar siempre fielmente, en virtud de la esperanza en aquel que "hace nuevas todas las cosas". Esperanza, en fin, que lleva a la libertad interior ante todo tipo de poder y seducción, de riqueza o de "carrera" (también en la Iglesia). Esta libertad secular y eclesiástica es necesaria para no claudicar en el conflicto; para ser fieles y no "pactar" entre el espíritu del mundo y las exigencias del evangelio. Sólo los que no tienen nada que perder (prestigio, carrera, "seguridades" para el futuro) son capaces de mantenerse fieles hasta el conflicto de la cruz, y mantener ahí la espiritualidad de la esperanza.

d) Una cosa es la espiritualidad en tiempos de conflicto y otra cosa es ser conflictivo. En este último caso se trata del conflicto "culpable", que no proviene del choque entre nuestra fidelidad al reino y sus resistencia (conscientes o inconscientes). La misma mística en el conflicto nos invita a no ser conflictivos. Es decir: a superar el espíritu de secta o incapacidad de comunión y diálogo con los que no participan de nuestro modo de fidelidad. Espíritu de secta que hace actuar como si los que sufren los conflictos son necesariamente los buenos, y los otros los malos. Espíritu de secta que lleva a confundir al que es visto llevado por Dios a una postura profética cristiana, con el "franco-tirador", que "quebró los puentes" con su comunidad. El "profeta" con espiritualidad no es sistemáticamente agresivo, no rompe con su institución eclesial, o con las personas que la componen, en lo que está de su parte.

Sobre todo, en América Latina hay que evitar la tentación de trasladar a la Iglesia el tipo de categorías y métodos que se utilizan en las luchas sociales e ideológicas, y en los conflictos políticos. En la Comunidad cristiana, el valor supremo de la fraternidad —la comunión y la participación— no excluye tensiones, crisis y contraposiciones, pero genera una espiritualidad en que éstas son llevadas según las actitudes que estamos señalando (ver cap. VI, 1, "La fraternidad cristiana").

e) La paciencia (activa, "histórica" como se suele decir) es otra actitud importante. No todo se puede realizar o resolver inmediatamente. Hay que creer en la hora de Dios, y en que la hora de Dios siempre llega. Hay que valorar el factor tiempo, y discernir cuándo el tiempo contribuye a resolver los conflictos, o cuándo más bien contribuye a desgradarlos.

f) Aceptar simplemente que la realidad y la Iglesia inserta en ella tienen una dimensión conflictiva normal es ya una actitud evangélica. Más aún, aceptar que uno mismo es protagonista de conflictos, que es discutido, rechazado o puesto en sospecha. Como Jesús, no podemos ser comprendidos y aceptados por todos los sectores y categorías de personas (dada la conflictividad en ellos mismos), a pesar de nuestra buena voluntad. Hay que aceptar no tener la confianza de todos los católicos... Una cierta soledad forma parte de cualquier profetismo, y hay que aceptarla sin sorprenderse ni sentirse víctima.

g) Muy a menudo los conflictos surgen cuando, por fidelidad al evangelio y a la Iglesia, se toman posiciones que en ese momento son consideradas "sospechosas" en la comunidad. O son consideraradas "mal vistas" por la opinión pública prevalente, o sectores cuyos intereses están amenazados por cualquier postura de profetismo social. En ese caso, el sujeto del conflicto participa de alguna manera del "profetismo" cristiano (lo cual significa primordialmente un deseo de ser fiel a la verdad). Estas situaciones crean un nuevo conflicto para el creyente: entre la fidelidad a su opción y la fidelidad al cuerpo de la Iglesia. Su solución requiere una espiritualidad, que, por lo menos a la larga, es posible discernir, como es posible discernir a la larga entre el verdadero y el falso "profeta".

En este caso, ser fiel en el conflicto implica una síntesis de actitudes cuya realización es ya garantía de fidelidad. La actitud de no romper ni la comunión eclesial, ni el diálogo. (Se trata de la actitud profunda y fundamental, y no de algo puramente psicológico, como que la relación sea fácil, que se esté cómodo en esta situación, que haya o no facilidad de acuerdo, o de simpatía...). La actitud de saber esperar, de ir más lento cuando eso conviene a la comunión; la actitud de aceptar obedecer, aceptar cambiar o retroceder en una postura, sin por eso dejar de trabajar y buscar el que se haga el ideal cristiano en esa situación. Esto supone valorar el sufrimiento y la cruz de los conflictos como purificadores y camino de maduración y vida. Supone no sólo aprender a sufrir por la Iglesia, sino sobre todo "a causa" de ella, lo cual es la mayor prueba del amor fiel.

h) No hay espiritualidad cristiana madura sin "sentido del humor". Y esto se aplica con más urgencia en la espiritualidad en tiempo de conflicto y crisis. Aquí, el sentido del humor viene a ser como la prueba sutil de que sí están presentes las actitudes evangélicas. La amargura y acidez, la dramatización, la demagogia en la utilización del conflicto, se oponen al sentido cristiano del humor. Por el contrario, la actitud de des-dramatizar, la serenidad, la mantención del optimismo y de la alegría (la alegría profunda, no necesariamente la psicológico-externa), marca el grado de humor que acompaña normalmente el amor maduro. No hay amor cristiano sin humor.

Sentido cristiano del humor: no tomarse muy en serio, ni tomar muy en serio a los protagonistas de los conflictos.

Saber reírse de uno mismo; saber tomar distancia de lo conflictivo, para verlo en su perspectiva objetiva y siempre relativa.

Sentido del humor: que asegura la benevolencia en las intenciones, el espíritu de tolerancia y de reconciliación; que en fin, asegura la capacidad de relativizar y colocar los conflictos en su justa proporción, en una visión de fe y no de emotividad. En las tensiones y conflictos, el sano humor, la broma, la sonrisa, es una forma de comunión y de estilo fraterno.

En fin, esta madurez espiritual en el conflicto, que se llama humor cristiano, está implicando que tenemos fe en valores mayores que las situaciones, decisiones y prestigios envueltos en el conflicto. Sabemos que el ser humano vale más que el conflicto, y que esta convicción no se hace realidad si los cristianos no aportamos en la humanización de las luchas y conflictos, no sólo con la justicia, sino también con la bonhomía, y el humor.

NOTAS AL CAPITULO VIII

1. BOFF L., *Pasión de Cristo, pasión del mundo*, Ed. Indoamerican Press, Bogotá 1978; MOLTMANN J., *El Dios crucificado*, Ed. Cristiandad, Madrid 1974; GALILEA S., *Espiritualidad de la evangelización*, Ed. CLAR, Bogotá 1980.
2. MARINS J., *Iglesia y conflicto social en América Latina*, Ed. Paulinas, Bogotá 1975; TEOLOGOS CLAR, *Fidelidad y conflicto en la vida religiosa*, Ed. CLAR, Bogotá 1981: (reproducimos buena parte del capítulo sobre espiritualidad, escritos por nosotros).

IX

Espiritualidad y misión

1. EN BUSCA DE UNA ESPIRITUALIDAD MISIONERA (1)

Aquí queremos esbozar una "espiritualidad de la misión", y no desarrollar una "teología de la misión" o las condiciones de una pastoral misionera. Aunque el tema ya ha sido tocado a través de todo el libro, o ha estado implícitamente presente, le dedicamos un capítulo especial por el lugar privilegiado que tiene la misión en la vida cristiana y en la Iglesia. "La misión es la razón de ser de la Iglesia... es la actividad propia de la identidad cristiana" (Ev. Nuntiandi).

La misión es una forma eminente del seguimiento de Jesús. Seguir a Jesús es colaborar con él en la salvación liberadora del mundo, que es la extensión del reino de Dios. Seguimiento y misión aparecen juntos en el evangelio: "Jesús llamó a los doce para que lo siguieran y anunciaran el reino de Dios"... "Pedro ¿me amas?... Entonces sígueme y apacienta mis ovejas" (Mc. 1, 16 ss; 3, 23 ss; Jn. 21, 15 ss; etc....).

Porque la misión es seguimiento, Cristo es el modelo único de la misión. Seguir a Jesús misionero, enviado del

Padre, es misionar como él, con sus criterios, actitudes, opciones, y con la misma espiritualidad de Jesús. Todo ensayo de una "espiritualidad de la misión" tiene necesariamente que referirse al modo y al espíritu como Cristo realizó su misión.

Al hablar del espíritu de la misión, debemos recordar que la idea de la misión tiene diferentes grados y densidades. En un sentido, la idea de la misión es una sola: la Iglesia y sus cristianos están en misión siempre y en todas partes, aunque de modo diferente según la situación y desafíos de la fe. En este sentido la Iglesia está igualmente en misión en España o en Bangla-desh.

En un segundo sentido, la misión tiende a radicalizarse, por su mismo dinamismo. Es decir, a ir siempre "más allá", a salir de sí misma y de sus fronteras, para alcanzar a los más abandonados y a los menos evangelizados. Este dinamismo proviene del mismo seguimiento de Cristo: "Vayan y hagan que todos los pueblos sean mis discípulos..." (Mt. 28, 18).

Por eso el dinamismo de la misión es un dinamismo de "éxodo", Exodo cultural, geográfico y religioso. La misión es dejar "su mundo" cristiano, —geográfico o cultural— para ir al mundo de los aún más pobres y descristianizados. El no-creyente, el descristianizado, y los pobres y oprimidos son siempre el sujeto del amor misionero, y tanto más se va en su búsqueda más allá del mundo del misionero, más se radicaliza la misión, y más se acerca al anhelo y al modelo de Cristo.

En este sentido más radicalizado, la práctica misionera alcanza toda su densidad. Ahí se da como "al estado puro". Y es ahí por lo tanto donde se pueden percibir mejor las condiciones espirituales de toda misión. No es que la misión tenga una espiritualidad especial: su espiritualidad es siempre la espiritualidad cristiana, y por lo tanto no hay espiritualidad de la misión sin identidad cristiana, sin conversión, sin experiencia de Dios, sin amor fraterno, sin amor a los pobres y abandonados, sin pobreza y sin aceptación de la persecución y de la cruz. Pero porque la misión pone "en estado de éxodo", que es una forma particular de muerte a sí mismo y de seguir a Jesús, se puede decir, a justo título, que la misión exige una mística particular.

En la misión, el espíritu del misionero es parte del contenido de su mensaje y de su eficacia. No sucede lo mismo con otras actividades humanas, en que la competencia profesional puede separarse de la forma de vida del individuo.

La opción misionera no es una opción accidental o sobrepuesta; existencialmente forma parte del "proyecto de vida" de esa persona. El "éxodo misionero" marca radicalmente la vida de un cristiano. El misionero debe asumir un estilo de vida absolutamente coherente con el evangelio que comparte con "los otros" y con sus signos de credibilidad. Lo que podría ser dispensable entre creyentes, se hace cuestión decisiva cuando se trata de los ajenos a la Iglesia. En su estilo de vida, en su espiritualidad, el misionero encarna en una realidad y cultura humana lo que tiene la misión de trascendente, misterioso y desconcertante.

2. CONDICIONES DE UNA ESPIRITUALIDAD MISIONERA

a) Primeramente el misionero debe ser un contemplativo: capaz de trasmitir no sólo ideas, discursos y análisis, sino sobre todo su experiencia personal de Jesucristo y de los valores de su reino. En el corazón de las masas alejadas, frecuentemente el testimonio contemplativo de un cristiano es la única cisura por la que se va comunicando la luz del evangelio. Más nos adentramos en la periferia del cristianismo, en "tierra extraña", más debemos mantenernos unidos a las fuentes contemplativas de la Iglesia. Muchos misioneros generosos naufragaron o perdieron su identidad cristiana por olvidar esto.

Alguien definió al misionero como "aquel que actúa como si viera al invisible". Aquel que es capaz de seguir adelante, más allá de cualquier dificultad, cualquier frustración, cualquier decepción, porque tiene la fuerza del que actúa como si viera a Dios a causa de su experiencia cristiana. Esta es la fuente de la esperanza misionera. Por eso cuando hablamos del espíritu de la misión, no podemos evitar el problema de la experiencia de fe del misionero. Pues solamente la fe y la contemplación nos ponen cara a cara con el Dios invisible.

El misionero es el que se entrega a la edificación de un Reino que va mucho más allá de lo que él es o lo que él hace. Ser consecuente con esta experiencia de la fe, es hacer de la contemplación un estilo en la acción. El estilo de acción contemplativo está marcado por la esperanza. Está marcado por la serenidad, ante la colosal tarea misionera que nos sobrepasa. Pues en la perspectiva de la fe, la misión es hacer lo que Dios quiere, y al ritmo que Dios quiere, y no todo lo que nosotros pensamos que habría que hacer. La primera actitud es fuente de esperanza; la segunda, de desaliento y frustración.

La misión es una llamada, una "vocación", por la cual Dios nos envía "a los otros" (Gál. 1, 15). La llamada misionera es una proyección hacia los demás, un dinamismo para ir siempre "más allá de la frontera". Este dinamismo se agota si no se nutre continuamente de la experiencia contemplativa. El envío misionero no es una condición jurídica, sino el resultado dinámico de un encuentro con el Cristo viviente.

Hay un ideal bíblico del misionero contemplativo. Su modelo son los profetas. Desde Moisés hasta el mismo Jesucristo, pasando por Elías, Juan el Bautista y los profetas del exilio, el profeta bíblico es un enviado de Dios para convocar al pueblo al seguimiento del Dios uno, único e inmanipulable, y para denunciar las idolatrías siempre nue-

vas. Al mismo tiempo el profeta es un discípulo a quien Dios
ha purificado el corazón y se le ha revelado en una experiencia religiosa a veces dramática.

En la simbología bíblica, el profeta es alternadamente
enviado a la "ciudad" como evangelizador, y es conducido
al "desierto" para ahondar su experiencia de Dios. Moisés,
Elías y otros profetas, el Bautista y el mismo Jesús preparan
su misión en el desierto, y regresan a él en ciertos momentos.
El desierto, más que un lugar, es un símbolo bíblico. Por un
lado, el desierto es el lugar de la soledad y de la pobreza,
donde el corazón se purifica, se desenmascaran los ídolos y
se realiza el encuentro denso y exclusivo con Dios. Es el
lugar de la contemplación cristiana. Por otro lado, el desierto es símbolo de la esterilidad y dureza del corazón humano,
a donde el profeta es enviado. El Bautista "predica en el
desierto": evangeliza en una sociedad pecadora.

Los profetas bíblicos son modelos del misionero cristiano. Lo que en su vida aparece como una alternancia (misión
en la "ciudad" y experiencia de Dios en el "desierto") es un
símbolo de lo que en la vida cristiana debe ser realizado
simultáneamente como dos dimensiones inseparables.

Cada misionero está llamado a hacer esa síntesis. A unir
el coraje de compromiso de un profeta y la experiencia de
Dios de un contemplativo.

b) La misión exige la pobreza como condición y estilo de
vida. No cualquier forma de pobreza —sabemos que la pobreza evangélica puede expresarse de muchas formas— sino
la "pobreza misionera". La pobreza misionera va más allá de
las exigencias habituales de la pobreza en la evangelización,
caracterizadas por la inserción entre los pobres, el estilo
austero de vida y la opción solidaria por la causa de los
oprimidos. Pero hay además un empobrecimiento misionero inherente a su éxodo "en tierra extraña". Este empobrecimiento como actitud y como estilo de vida está exigido por
el éxodo eclesial y el éxodo cultural.

El éxodo eclesial: la misión es abandonar la propia Iglesia (con su ambiente cristiano), para ir a reforzar otra Iglesia hermana debilitada, o para ir a implantarla, como signo del Reino, ahí donde todavía no existe. En todo caso no hay éxodo misionero sin abandonar las formas de una Iglesia "establecida" o de evangelización convencional, para ponerse al servicio de otro modelo de Iglesia, cuyos términos y estilo de acción son dados por otros. Al ponerse al servicio de otra Iglesia, el misionero debe morir, debe empobrecerse, en todo aquello que le impide ver, sentir y actuar al servicio de otra realidad cristiana.

El éxodo cultural: la misión es abandonar la propia cultura, con la simbología e interpretación cristiana que ella conlleva, para insertarse en otra cultura. No sólo para adaptarse a ella (dentro de lo posible), sino para aportar en su evangelización mediante la reinterpretación cristiana de esa cultura. (Sin la simbiosis mutuamente enriquecedora entre fe y cultura, el evangelio no acaba de arraigarse en un medio humano). De ahí la exigencia de un "empobrecimiento cultural" para el misionero, no en el sentido que haya de despojarse de los valores de su cultura de origen, sino en el sentido de liberarse de los condicionamientos de su cultura que le impiden percibir la presencia del Espíritu y los caminos propios del evangelio en la cultura "extraña" a la cual fue a servir.

La pobreza misionera, como toda otra forma de pobreza evangélica, es un riesgo en la esperanza. Es un salto al vacío apoyado en la fe de la Iglesia. El éxodo misionero da miedo. Como dio miedo a los misioneros-profetas del Dios de Israel, arrojados por su Señor en tierras de exilio para mantener ahí viva la fe en la promesa. La pobreza en la misión es aceptar las crisis de inseguridad y del "nacer de nuevo" de tantas maneras, sin perder la identidad cristiana. El empobrecimiento misionero requiere mucha madurez. No está hecho para cristianos adolescentes, o en busca de evasiones o de compensaciones publicitarias.

c) La misión requiere confianza en sí misma. Dicho de otra manera: el misionero debe creer y tener confianza en el Espíritu que anima la Iglesia, y en la eficacia —a menudo oscura y misteriosa— de la evangelización y de los medios propios de la acción misionera. "Yo os escogí para que vayáis y tengáis fruto y vuestro fruto permanezca" (Jn. 15, 16).

La tragedia de muchos es que no creen en la eficacia propia e irreductible de la evangelización, especialmente de cara a "los otros". Esta desconfianza sustituye el dinamismo misionero por el trabajo sólo con los practicantes, más fácil y consolador. O por los proyectos materiales. O por la eficacia, aparentemente más visible e inmediata, de las racionalidades humanas o de la política. La situación actual de desánimo misionero se debe en buena parte a estas tentaciones. Cuando la misión se separa de la perspectiva de Jesús de su redención y de su reino, se puede equiparar con cualquier ideal o empresa humana válida, incluyendo sus fines y modos de eficacia. Pero la misión, que incluye necesariamente los criterios de la eficacia humana, los trasciende siempre, debido a su objetivo radical: la conversión a Jesús y al amor fraterno, la superación del pecado y la experiencia de Dios Padre. Estos objetivos y liberaciones radicales implican la acción del don y de la gracia de Dios sobre su pueblo, y la inserción en la oración y en el sacrificio de Jesús. ("Esta clase de demonios sólo se expulsan por la oración y el sacrificio" Mc. 9, 29).

Hombre de fe en el dinamismo de su misión y en la fuerza de su mensaje, el misionero cree en la eficacia misteriosamente liberadora de la cruz de cada día, y en la eficacia de su presencia y entrega personal en medio del pueblo o en medio de la incredulidad. Cree en el valor de la santidad y de la entrega por sí mismos. Cree en la fuerza cualitativa de la misión y de la presencia cristiana: aunque sean minorías los que traspasan la frontera de sus Iglesias para ir a "los otros", al corazón de las masas, su significado eclesial es incalculable; es el "pequeño resto" que representa a toda la Iglesia y que actúa en su nombre, significando la venida del reino de Dios entre "los otros" (ver cap. VI, 1).

Esta confianza en la misión y en la venida del reino, "contra toda esperanza", genera la paciencia histórica y la mansedumbre cristiana en las contradicciones y fracasos de la misión. La raíz última de esta actitud, que nos identifica con Cristo misionero "manso y humilde de corazón", es la pobreza de espíritu según las bienaventuranzas (ver cap. III, 1). La pobreza radical de espíritu no sólo coloca consciente y activamente nuestra misión entre las manos de Dios, sino que también nos lleva a seguir las actitudes de Cristo en la misión, que porque era pobre y dependiente ante el Padre, y pobre entre sus hermanos los hombres, "no rompía la caña trizada ni la mecha humeante", ni "gritaba y discutía en las plazas" (Mt. 11, 29; 12, 18 ss.).

La confianza en la obra del Espíritu de Cristo en la misión se traduce por el respeto a cada persona, por la no imposición, por el reconocimiento de la verdad y del bien en donde se encuentren, por la humildad y el desasimiento personal. Este estilo evangélico en la misión forma parte del testimonio cristiano que la hace creíble y aceptable, aunque a través de la paciencia y de la cruz.

d) La "espiritualidad misionera" exige el espíritu de lo itinerante y de lo provisorio. De esto ya hemos hablado más atrás: por su misma naturaleza la misión es éxodo, es dinámica, móvil. Cuando ha asegurado su objetivo esencial, no se atrinchera en una comunidad establecida o en el trabajo con los ya convertidos, sino que inicia un nuevo éxodo; va siempre "más allá", buscando lo que todavía es más alejado, más pobre y más necesitado del evangelio.

Esto quiere decir, (respetando siempre las situaciones pastorales y las vocaciones personales), que el misionero debe mantener una actitud espiritual coherente con esta exigencia. La actitud de promover los ministerios y los liderazgos locales, para hacerse sustituir lo antes posible. Por lo tanto la actitud de no "hacer carrera", actitud, necesaria para la libertad profunda de todo evangelizador (la "carrera eclesiástica", la cuestión de los "puestos" y promociones es la servidumbre más sutil del ministerio apostólico) es esencial al misionero para mantener su actitud de provisoriedad y para responder a la llamada de "ir más allá" cuando ésta se haga sentir.

El misionero está en tensión entre su arraigo y compromiso con una comunidad local, y su disponibilidad para itinerar y desarraigarse llegado el momento. La síntesis de ambas actitudes, realizadas en toda su seriedad, y sin sacrificar la una por la otra, requiere una mística particular, que es el don de la vocación misionera. Esta espiritualidad de la itinerancia, como cualquier otra mística cristiana, tiene también por modelo y única referencia el seguimiento de Jesús, en su condición de evangelizador itinerante, y de apóstol incansable entre los judíos de su tiempo.

Esta actitud de éxodo y de itinerancia, para que sea "católica" y para que sea enriquecedora del propio misionero y de la comunidad que él ha ido a ayudar, requiere tener raíces en la experiencia cristiana del misionero, y requiere que éste lleve consigo las riquezas de su Iglesia de origen. La inserción en otra Iglesia y cultura no debe ser al precio de vaciar al misionero del mensaje y del aporte particular que su propia Iglesia está ofreciendo a la catolicidad, en este momento de la historia. El éxodo misionero desde América Latina por ejemplo debe ser católico, y debe ser latinoamericano. Debe arrastrar consigo no sus problemas y sus respuestas, sino los valores permanentes, tanto espirituales como apostólicos, que las Iglesias latinoamericanas han tenido la gracia de profundizar: "el sentido del pobre, las comunidades cristianas, la liberación, la evangelización a partir de la religión popular, etc." sobre esto ya se ha escrito suficientemente.

1. *Ad Gentes* (23-27), sobre espiritualidad misionera PABLO VI. Evangelii Nuntiandi. Ed. Paulinas 1975; LOEW J., *Perfil del apóstol hoy*. Ed. Verbo Divino. Stella (Navarra) 1970. 4a. ed.; VARIOS. *La misión desde América Latina*. Ed. CLAR, Bogotá 1982; GALILEA S.. *La responsabilidad misionera de América Latina*. Ed. Paulinas 1981.

Indice

Capítulo V

LA EXPERIENCIA DE DIOS

Capítulo VI

LA EXIGENCIA DEL AMOR FRATERNO

Capítulo VII

EL AMOR A LOS POBRES Y A LA POBREZA

TALLER EDICIONES PAULINAS
BOGOTA 1985
IMPRESO EN COLOMBIA - PRINTED IN COLOMBIA